中央高校基本科研业务费专项资金资助

数据治理背景下的职业体育发展模式与路径创新研究

郑 芳 著

Competitive Balance of
Professional Sports League

职业体育联盟
竞争实力均衡研究

ZHEJIANG UNIVERSITY PRESS
浙江大学出版社

图书在版编目（ＣＩＰ）数据

职业体育联盟竞争实力均衡研究 / 郑芳著 . -- 杭州：
浙江大学出版社，2022.1
ISBN 978-7-308-22113-9

Ⅰ.①职… Ⅱ.①郑… Ⅲ.①职业体育—体育组织—
竞争—研究 Ⅳ.①G812.1

中国版本图书馆CIP数据核字(2021)第261769号

职业体育联盟竞争实力均衡研究

郑　芳　著

责任编辑	宁　檬　马一萍
责任校对	陈逸行
封面设计	周　灵
出版发行	浙江大学出版社
	（杭州市天目山路148号　　邮政编码310007）
	（网址：http://www.zjupress.com）
排　　版	杭州林智广告有限公司
印　　刷	广东虎彩云印刷有限公司绍兴分公司
开　　本	710mm×1000mm　1/16
印　　张	9.25
字　　数	137千
版 印 次	2022年1月第1版　2022年1月第1次印刷
书　　号	ISBN 978-7-308-22113-9
定　　价	48.00元

目　录

第一章 绪 论

第一节 研究背景

职业体育竞争实力均衡是由职业体育的生产特性所决定的。职业体育中至少需要两支球队才可以生产出可供销售的产出（比赛），这种合作生产的本质决定了俱乐部的存在成为职业体育发展的首要前提；而由于职业体育的生产是一个零和博弈[①]的过程，赛场上获胜即意味着拥有一切，失败则意味着失去一切。但如果获胜者不断积累最优秀的球员，每次博弈的结果都将重复，胜者持续获胜，败者持续受挫，那么等待胜者的将不会是利益的最大化，而将是没有竞争对手、没有比赛、没有观众、没有收益。因此，如何促进职业体育竞争实力均衡，是世界上任何一项职业体育运动、任何一个国家职业体育发展所要关注的核心问题。然而，俱乐部初始市场规模、当地政府对俱乐部的扶持力度、支持俱乐部的财团的实力以及俱乐部所有者追逐的目标等的不同，使得各俱乐部的竞争实力从一开始就处于一个非对称的水平，这就使得俱乐部竞争实力均衡犹如一笔财富，任何俱乐部都知道它的好处，但没有哪个俱乐部能够自动获得，竞争实力均衡就只能在协会层面（联赛组织者）通过一定的强制性政策得以实现。此外，联赛的专业性往往可能导致联赛信息不完全。比如裁判员收受贿赂或受人指使违背公平、公正的裁判原则，在

---

① 零和博弈(zero-sum game)：指参与博弈的各方，在严格竞争下，一方的收益必然意味着另一方的损失，博弈各方的收益和损失相加总和永远为"零"。双方不存在合作的可能。零和博弈的结果是一方吃掉另一方，一方的所得正是另一方的所失，整个社会的利益并不会因此而增加一分。

比赛中通过有意的误判、错判、漏判等个人行为来主导比赛结果，使得比赛结果朝着预期的方向发展。只有从职业体育生产特性出发，才能真正把握制约我国职业体育发展的核心因素，才能真正实现我国职业体育的良性健康发展。在当前我国从体育大国迈向体育强国的过程中，职业体育的发展关系到我国竞技体育的可持续发展问题，是摆在各位学者、管理者面前紧迫的课题，对此问题的探讨与分析，具有很强的时代应用价值。

国外对职业体育的系统性研究可追溯到 Rottenberg（1956）《棒球运动员的劳务市场》这篇开创性的文献。该研究主要集中在三个方面：一是探讨职业体育联盟这种类似卡特尔的组织为什么能够获得持续的成功，联盟所制定的各种旨在限制球员流动和产品市场垄断的制度为什么能够获得反垄断豁免和法律认可。二是对联盟竞争实力均衡各个维度的理论和实证进行分析，探讨与分析竞争实力均衡对职业体育治理绩效的影响，以及收入分享制度、保留条款制度、自由转会制度等激励措施对联盟竞争实力均衡的影响。三是对不同联盟的治理模式进行了比较研究。国内早期的研究主要集中在职业体育俱乐部的运行机制、融资模式等方面。已有研究指出，面向市场的经营机制、政俱分开的管理机制、产权清晰的投资机制等是我国职业体育俱乐部的目标模式。伴随着我国职业联赛在不断试错的改革中日益推进，"黑哨""赌球""假球"等现象的出现，使得研究者的目光聚焦到职业联赛所有权、俱乐部产权以及职业体育制度创新层面。现今，人们普遍认为我国职业联赛产权关系混乱，俱乐部内部产权关系不清晰，项目协会（或运动管理中心）掌握职业联赛的"剩余控制权"和部分"剩余索取权"，导致内部人员控制现象突出以及激励约束机制失效。

综上所述，由于制度环境的不同，国内外学者的研究视角存在一定的差异。国外学者主要立足职业体育联盟层面，研究如何激励俱乐部和规制俱乐部投资不足或投资过度的现象，以及如何促进联赛的竞争实力均衡；国内学者则较多立足职业体育俱乐部层面，从联赛产权、俱乐部治理、制度创新等方面，探讨与分析制约我国职业体育发展的问题。显然，已有的文献为本书提供了丰富的研究素材和研究基础，但现有研究对指导我国职业体育的发展实践仍存在一定的缺陷，主要表现在以下几个方面：在研究视角方面，仅关注单个生产组织，忽视在纵向一体化中对所有生产组织的系统和整体性研究。国外职业体育的发展大多延续市场自发演进的发展模式，联盟管理是国外发达的职业体育发展的基本特征，所以，国外学者的研究主要关注联盟层面；而我国职业体育的发展模式是政府主导型，先成立协会然后培育俱乐部，如何建立能够适应社会发展的俱乐部管理体制，是我国职业体育发展最关注的问题，因此，国内研究者的研究主要关注俱乐部层面。但对于职业体育生产而言，俱乐部和联盟（或协会）都是生产者，仅仅考虑单个组织，无法提炼出职业体育的普适性生产规律，因此，有必要将所有生产组织纳入一个统一的分析框架中，这样才能更清晰地勾画职业体育的发展蓝图。此外，国内学者的研究较少涉及职业体育的生产本质问题，对竞争实力均衡的关注较少。国外学者对竞争实力均衡的研究为国内学者提供了一种思路。但职业体育演进模式的差异，使得纯粹从市场视角考虑竞争实力均衡问题还无法解决我国职业体育面临的困境，还需要从法律、社会、历史等多个影响竞争实力均衡的视角去思考，这样我国职业联赛才能实现真正意义上的竞争实力均衡。

第二节 研究演变

一、研究概念

（一）职业体育

Freedman（1987）指出，职业体育就是指买卖职业体育赛事的各项权利，以及运动员应用体育技能参加比赛或者展示并获得金钱回报的商业活动。张林（2001）则认为职业体育是一项利用高水平竞技运动的商品价值和文化价值，参与社会商品活动和社会文献活动，使得竞技运动员获得优厚报酬，并为社会提供体育和文化服务的一种活动。日本体育产业联合会将职业体育界定为是把作为娱乐的体育表演（商品）提供给消费者（观众），球队的所有者和比赛的主办者从中获得入场费和转播权费，职业运动员从中获得报酬的经济行为。谭建湘（1998）指出职业体育以某一运动项目为劳务性生产和经营，围绕该项目生产开发而形成相对独立和完整的商业化、企业化经营体系。杨铁黎（2001）指出职业体育是以职业体育俱乐部为实体，以职业运动员的竞技能力和竞赛为基本商品，以获取最大利润为目的的经营体系。王庆伟（2004）认为职业体育就是通过向体育消费者提供消遣性的体育竞赛商品，使得体育比赛经营者、职业运动队拥有者、职业运动员以及相关人员获取报酬的一种经济活动，其本质是一种"产业"。胡利军等（2010）指出职业体育是一种高度专业化、商业化的高水平竞技体育，其核心是职业体育赛事的运作和推广。职业体育赛事是以体育运动为基本手段的高度专业化、商业化、市场化了的竞技比赛活动，它也是职业体育向社会提供的最为重要的体育服务（产品）。江小涓（2018）将职业体育概括为商业性体育竞赛表演的产业，其核心产品是"比赛"。

综合上述观点，学者们从社会属性、经营特性和产品性质等方面分别对职业体育进行了概念界定，但无论是何种界定，其中有些思想和观点是相同的：①职业体育是一种经济行为；②职业体育提供的是一种劳务产品；③职业体育的利益相关者能获得不同程度的收益和报酬。因此，本书认为，职业体育是通过向消费者（观众、听众）提供消遣性赛事，使得职业体育赛事组织者、职业运动队拥有者、职业运动员及相关人员获取报酬的一种经济活动。其本质是通过各项赛事权利的买卖以及职业运动员应用其专业技能参加比赛或表演来获得金钱回报。职业体育包括团队形式的职业体育（足球、篮球、橄榄球等集体项目）和个人形式的职业体育（网球、高尔夫、赛车等），本书主要关注团队形式的职业体育。

（二）职业体育俱乐部

不同的学者对职业体育俱乐部赋予了不同的含义（见表1.1），从经济、法律等角度分析和阐释了职业体育俱乐部的内涵。有些概念较为宏观、笼统，有些概念则较为微观、具体。对于职业体育俱乐部的理解，可以从以下几个方面进行阐述。

第一，职业体育俱乐部是一个经济实体。随着社会经济的发展，体育这种文化现象也在逐渐发展并演化，一些市场基础较好、消费者喜闻乐见的运动项目逐渐得到规范和科学化的管理和发展，而在这种诱致性制度变迁中，比赛逐渐稳定并发展起来，运动员不再将从事某项运动仅仅视为一种娱乐和休闲，球队的管理者也不再满足比赛仅仅被视为上流社会的一种消遣活动。当越来越多的消费者愿意支付费用，欣赏专业性运动员所提供的精彩赛事时，职业体育的组织机构也逐渐地成为独立经营、自我发展的经济实体。尤其是电视等新闻媒体的介入，不仅赋予了比赛这种无形产品可储藏性，还极大地拓宽了其消费领域，比赛的观众可以遍布整个地区、全国甚至全世界，为职业体育俱乐部成为一个独立的经济实体奠定了扎实的基础。

第二，职业体育俱乐部是职业体育市场的供给者，它所提供的产品是职业体育比赛。但与一般企业不同，职业体育产品的生产至少需要两支俱乐部才能实现，这使得合作生产的理念在职业体育市场中表现得尤为突出。

第三，消费者偏好竞争实力均衡的比赛，若某个俱乐部长期处于垄断地位或具有绝对优势，其最终结果不是收益最大化，而是被迫退出市场。

第四，职业体育俱乐部的目标多样化。由于职业体育俱乐部的发展起点、路径和变迁的方式不同，在不同的国家，职业体育俱乐部的目标不尽相同。比如北美的职业体育俱乐部主要以盈利为目标，但在欧洲，则更多地体现为获胜最大化或效用最大化。

表1.1 职业体育俱乐部的概念界定

学者	主要观点
Jones(1969)	职业体育俱乐部是职业体育生产过程中的投入集合,由人力资本和物质资本构成,人力资本主要指球队(球员的集合)、教练员和管理人员;物质资本主要指场地、器材和装备等

续　表

学者	主要观点
蔡俊伍(1995)	职业体育俱乐部是一个经营实体,其特点是走体育和市场相结合的道路,实行企业化管理,严格按照市场经济的竞争、价格和供需三大法则来经营
王林等(1998)	职业体育俱乐部是以某个体育项目为商品,从事体育劳务的生产、经营,是专门经营体育产业的独立经济实体
张林(2001)	职业体育俱乐部是为了满足人们享受体育竞赛表演的观赏需要,将职业体育竞赛及其相关产品作为商品组织生产经营并追逐盈利,自主经营,自负盈亏,具有独立法人资格的经济实体
席玉宝(2004)	职业体育俱乐部是由投资者、经营者、管理者、运动员和教练员组成的集合体。美国的职业体育俱乐部一般由大的企业集团拥有或经营。各体育俱乐部通过联合起来在运动场上合作和对抗竞争,生产经营他们共同的产品——竞技比赛,这种具有观赏价值的特殊文化产品,通过市场交换,向消费者提供体育娱乐服务,经营者进而获得门票、场地广告、电视广播以及冠名等特许权销售、运动队纪念品销售等收入,获取投资回报
王庆伟(2004)	职业体育俱乐部是一种以经营某一高水平运动项目训练和竞赛,并开发训练竞赛及其附属产品,追求利润最大化的特殊体育企业
赵豫(2004)	从法律角度分析,职业体育俱乐部是指具有企业法人资格的,具备法定条件,从事法定经营活动,以营利为目的的职业体育机构
李强(2007)	职业体育俱乐部是由企事业单位、社会团体和公民个人利用非国有资产举办的、以开展体育活动为主要内容、以公民个人为组织和服务对象的基层体育组织
胡利军等(2010)	职业体育俱乐部是从事职业体育活动、具有独立法人资格的实体,其实质就是遵循市场经济的竞争、供求、价格等基本规律和体育运动发展规律来经营竞技运动项目,向社会提供体育服务(产品)的体育组织形式
张森(2013)	职业体育俱乐部是指具有企业法人资格,具备法定条件,从事法定经营活动,以营利性为目的的职业体育组织,职业体育俱乐部具备完全的企业法人性质

　　第五,对于职业体育而言,无论是投资者还是消费者,都同样是行家,都对产品的质量和服务拥有发言权,同样可以对比赛水平进行评论。由此可见,职业体育俱乐部本质上是一张"利益关系网",是由人力资本与物质资本组成的特殊契约,不同产权主体之间平等、独立,这意味着契约中的每一个

产权主体都能平等地参与职业体育俱乐部所有权的分配（见图1.1），即职业体育俱乐部应建立在利益相关者平等的基础上，而不是仅仅是为了股东的利益而已。

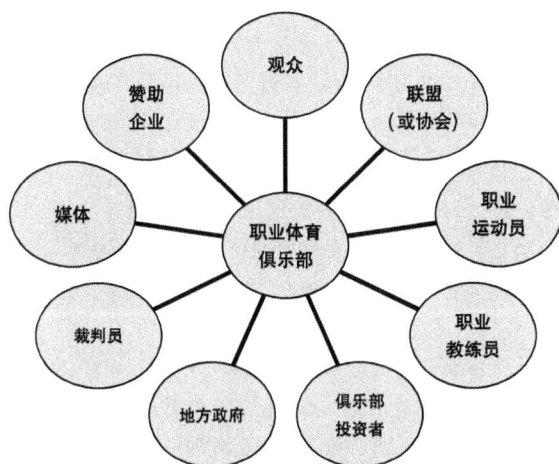

图1.1 职业体育俱乐部的利益相关者

由此可见，作为职业体育的基本单位和"细胞"——职业体育俱乐部，是协调职业体育各种信息和匹配职业体育各种资本的一个基本单位，是在配备必要的场地、设备、资金等的基础之上，使得教练员、运动员、管理人员的专业化优势充分发挥，生产出消费者喜闻乐见的赛事，职业体育俱乐部的利益相关者获得回报的经济实体。一般情况下，每个职业俱乐部拥有一支职业球队，但由于联盟管理模式的不同，联赛后备人才的培养方式和路径不同，有些联盟俱乐部除了拥有一支高水平联赛球队之外，还拥有若干支后备梯队球队，这些后备梯队球队通过较低或低层级联盟比赛的磨炼，来实现晋升到高层级联盟的目标。

（三）职业体育联盟

当职业体育俱乐部数量超过两支时，建立一个正式的组织——职业体育联盟是能提高效率的。关于职业体育联盟的概念，不同的学者从不同的视角给出不同的理解（见表1.2）。

表1.2　职业体育联盟的概念界定

学者	主要观点
Quirk(1973)	职业体育联盟是允许其成员俱乐部相互竞争,进而去争取每个赛季联盟冠军位置的自愿组织
Depken(2000)	职业体育联盟是一个按照该项运动的最大利益和特许经营俱乐部的最大利益运作的组织实体,联盟贯彻执行关于该体育比赛的规章,以提高体育比赛的完整性和联盟的流行程度,并增加联盟内俱乐部的收益
杨铁黎(2001)	职业体育联盟是运动卡特尔,在职业运动公司之间限制对运动员的竞争,并分配市场以及综合管理开发市场的组织
Flynn和Gilbert(2001)	联盟是由其独立的成员俱乐部组织成的非自治协会,其成员俱乐部分享或多或少的诸如国家转播权、门票、冠名权、特许以及其他的财产收入
郎效农(2002)	职业体育联盟是指在单项项目协会宏观指导下,职业体育俱乐部所有者为追求自身利益的最大化,把经营权委托给一些专家,然后他们代表自己的利益来对联盟进行经营和管理的一种制度
Noll(2002)	职业体育联盟是一些球队的组合,它们制定比赛规程和发展其他的政策和规则,目的是通过比赛确定其中的冠军
Rockerbie(2003)	职业体育联盟是运动队所有者的集团,他们为实现利益最大化的目的,在联盟的运作程序方面取得一致意见,包括限制新联盟的进入、分配独占性的地区特许经营运动队、收入分享制度和运动员分配方案等
张剑利(2004)	职业体育联盟是职业体育俱乐部合作生产体育竞赛产品的具有自治权的职业体育组织
杨华(2006)	职业体育联盟是指各职业俱乐部为了在市场条件下获得更大利润,避免相互之间的恶性竞争,通过合作成立的统一组织,由联盟负责运动竞赛产品的生产
胡利军等(2010)	职业体育联盟是职业体育的组织形式,其实质是对某一特定区域内的某项职业体育运动进行管理、计划、执行、协调的非营利或营利性法人机构
李燕领等(2013)	职业体育联盟是通过职业体育联盟章程和规则约束俱乐部的行为,安排赛事活动而形成的组织

由上述各个观点可知,尽管对职业体育联盟的性质存在诸多的争议,但有几点是相同的:一是职业体育联盟是一个经济组织;二是职业体育联盟的成员俱乐部具有独立性;三是联盟制定规章制度的目的在于实现俱乐部的利

益最大化。因此，综合已有学者的观点，本书认可 Depken 的观点：职业体育联盟是一个按照该项运动的最大利益和特许经营俱乐部最大利益运作的组织实体，联盟贯彻执行关于该体育比赛的规章，以提高体育比赛的完整性和联盟的流行程度，并增加联盟内俱乐部的收益。

通常情况下，无论其管理体制是个体制、合伙制，还是现代公司管理体制，职业体育俱乐部均是自主经营、自负盈亏，产权清晰的经济实体。职业体育联盟就是由这些独立管理和组织的职业体育俱乐部自发组成和联合创建的，俱乐部的所有者组成联盟董事会，董事会委托联盟委员会管理联盟事务。因此，联盟主要管理以下几个方面：一是制定规章制度和其他一些制度，比如球员资格、比赛规则、赛程安排等；二是委托联盟委员会和联盟职能部门经营和运行。为了吸引球迷和赞助商，联盟在规模、管理、产品的生产、市场营销、成员球队球员以及其他投入品的管理方面设计一系列规章制度。联盟委员会的权力就在于制定和实施联盟制度和政策，联盟委员会代表职业体育俱乐部所有者的利益。

职业体育联盟的成立依赖三个方面的原因。

第一，联盟的成立有利于联赛财政的稳定。早在 1876 年，芝加哥白长袜棒球队所有者 William Hulbert（威廉·赫尔伯特）接管棒球协会时就认为，每个俱乐部倾向于追求自身利益的最大化，而且参与赛事存在一定的随意性，因此，有必要建立联盟，从而将职业体育的权威保留在联盟层面，而不是球队层面。在联盟层面制定一系列规章制度，以保障联赛的稳定和竞争实力均衡，从而保证包括俱乐部所有者、运动员、教练员、赞助商、球迷等相关者的利益。

第二，联盟的成立有助于减少交易费用和降低套牢风险。职业体育的生产具有很高的资产专用性，主要体现在两个方面：场地专用性资产和特殊人力资本。场地作为职业体育俱乐部的基本准入条件，由于其"捆绑"效应很强，从开始的投资到维护，占用的资金非常可观。只有当联赛趋于稳定，俱乐部才有可能自己建造场馆，也只有形成一定的品牌效应之后，才会有当地政府愿意运用公共财政去新建或修建运动场馆设施。而对于在边学边练中逐渐培养的职业运动员来说，只有当联盟成立并稳定之后，才能真正实现这种特殊人力资本的效用。

第三，联盟的成立可以实现外部性的内部化。在买方市场中，联盟统一购买优秀运动员显然能够内化各个俱乐部因为竞相购买运动员而导致的过度投资和高投资的外部性。在卖方市场中，联盟通过统一销售其特许权经营权或电视转播权，能够获得比每个俱乐部相互竞争出售电视转播权时更高的价格，避免各个俱乐部之间由于相互竞争所展现的恶性竞争的外部性。

（四）单项运动协会

单项运动协会通常是指一国从事该项运动的单位和个人自愿结成的该国唯一的非营利性社会团体，其宗旨在于统一组织、管理和指导该运动项目的整体开展，推动该运动项目的普及和发展。

纵观世界各国的体育管理体制，单项运动协会和职业体育联盟都是赛事的组织者和协调者，两者存在着密切的关系。从数量上看，每个国家的单项运动协会只有一个，但单项职业运动联盟可能有多个；从关系上看，职业体育联盟一般隶属于单项运动协会，单项运动协会不仅要负责职业体育的发展，还要兼顾业余体育的发展，不仅要重视运动竞技水平，还要广泛开展群众性体育运动，实现竞技体育与群众体育协同发展。

（五）竞争实力均衡

竞争实力均衡（competitive balance）是指为了满足职业体育消费者偏好比赛结果不确定性的需求，职业体育联盟通过一些强制性制度安排来确保联盟内俱乐部在财力、竞技水平、市场吸引力等方面处于一种势均力敌的状态。

竞争实力均衡是由职业体育的生产特性所决定的。职业体育中至少需要两支球队才可以生产出可供销售的产出（比赛），这决定了职业体育俱乐部的存在成为职业体育生产的必备条件，而职业体育生产是一个零和博弈过程，赛场获胜意味着拥有一切，失败则意味着失去一切。联合生产的本质体现了俱乐部生产的相互依存性，零和博弈则导致俱乐部之间会产生激烈竞争。这种赛场上相互竞争、生产上相互合作的特性，使得俱乐部要实现收益最大化和该项运动健康发展的初始条件为：一是必须要有参加比赛的俱乐部；二是俱乐部每次博弈的结果具有可变性。

值得一提的是，联赛竞争的激烈程度越高，联盟对俱乐部竞争实力均衡的需求就越为迫切，这可从世界上各个顶级联盟非常重视竞争实力均衡看出来。然而，强调俱乐部竞争实力均衡，并非一味地强求。比如扩张球队可能带来球队之间竞争实力更均衡，但盲目地扩大联赛规模，也会影响联赛的质量，因为即使是在国际运动员市场，优秀的运动员也是稀缺的。

二、职业体育联盟的性质分析

竞争实力均衡被认为是职业体育中决定需求的一个重要因素。通常，吸引观众到现场观看比赛或者是收听广播、观看电视转播，是由职业体育比赛结果的不确定性所决定的。Neale（1964）称之为联赛排名效应（league standing effect）。这意味着假如联赛缺乏竞争实力均衡，球迷对于弱队的兴趣会下降，最终，对于强队的支持也会下降。Quirk 和 Fort（1997）将始于 1946 年，1949 年被国家橄榄球协会合并的美国橄榄球协会的消失，归因于缺乏竞争实力均衡。因此，许多研究者研究职业体育联盟时，首先提及的就是竞争实力均衡。他们从各个维度表述了竞争实力均衡的思想和概念，并进一步论证了其重要性。

在职业体育中，没有哪个俱乐部能够独自创造出一个能够获得收入和利润的产出（比赛），至少要两支竞争实力均衡的球队相互协作、共同生产，才能使得每支球队获得利润最大化或成长最大化，而当球队数量超过两支时，建立一个正式的组织——联盟或协会是有效率的。

职业体育的生产至少需要两支球队，而且是两支竞争实力均衡的球队，这使得职业体育的生产有别于一般企业的生产，使得职业体育的组织管理机构具有一定的独特性。研究者基于不同的研究视角，对职业体育联盟这种独特的经济组织给出了不同的解释（Neale, 1964；Sloane, 1971, 1995；Quirk,

1973；Quirk & Fort，1995；Depken，2000；Noll，2003；Rockerbie，2003；Flynn & Gilbert，2001）。

Neale（1964）认为职业体育联盟是个多产品企业，职业体育属于自然垄断行业，所有职业球队联合在一起生产产品。这样的产品具有其他一般产品所无法比拟的复杂性，原因在于职业体育所生产的产品会产生多种效用流量，不仅有球队之间竞争所产生的比赛结果和联盟排名，还有球队之间合作所带来的效用流量，比如电视观众的效用流量、新闻界的利益等。

Jones（1969）认为在职业体育联盟与职业体育俱乐部之间存在这样一种关系：每个俱乐部的最佳目标是利润最大化，联盟的最佳目标则是俱乐部联合利益的最大化，为了使得俱乐部和联盟都能够达到各自的目标，联盟需要通过优秀球员的重新配置机制来促进俱乐部之间的竞争实力均衡；俱乐部之间的合作必须是完全的，而且联盟希望雇佣最好球员以增加其市场竞争力，减少优秀球员的薪水以使成本最小化。

Sloane（1971）基于北美学者 Rottenberg（1956）、Neale（1964）和 Jones（1969）的研究，以及英国的足球实践提出了不一样的观点，认为职业体育俱乐部之间尽管具有共同的利益——在高度合作的基础上共同生产产品，但这并不意味着联盟就有必要被提升到"企业"的理论高度。如 Neale 所指出的，职业联盟可以等价于同业公会，是一个决策机构。在英国，足球联盟（协会）仅仅是制定规则，而注册为有限责任公司的俱乐部则可以根据自己的需要自主经营，比如决定雇佣多少球员，支出多少费用等。尽管价格和产出（足球联盟最低入场票价和联盟赛事的数量）是由联盟组织决定的，然而，仅仅反映了单个俱乐部的利益。Sharpe（1998）等认为职业体育俱乐部与其他商业企业至少在两个方面存在不同：职业体育产业的组织结构、俱乐部与其重要雇员（运动员）之间有独特的关系。职业球队是在不完全竞争市场中经营，在不完全竞争的产品市场中出售其服务，并且在一个不完全竞争的资源市场中雇佣其球员。

Vrooman（1997）则运用俱乐部理论解释职业体育联盟。他认为联盟中的球队是为了最大化集团的消费（或利润）而一起共事的半自治单位。根据这一观点，职业体育联盟决定着每一件事，从锦标赛的决赛结构到允许哪些球队搬迁、何时搬迁、迁往何地。俱乐部理论认为，一个联盟的最佳球队数量（这个数量将最大化垄断联盟的利润）与社会最佳数量（在这个数量上，最后一个球队增加的边际价值为零）之间存在根本差异。允许新球队进入联盟对既有成员存在正负双重影响：联盟可以让新成员交纳一笔入会费，但球队必须与其分享收入。此外，新球队减小了离它最近球队的地理市场，降低了现有成员运用那个城市作为议价筹码的能力。球队之间分享的收入越多，联盟从阻止球队自行选址中获得的经济收益就越大，当球队平分这些收益时，联盟就有最大的动力去确保所有球队的利润最大。

Sloane（1997）认为职业体育中存在两种竞争：体育竞争和经济竞争。体育竞争追求的是最大化的比赛结果不确定性，从而产生收入；而经济竞争实际上则受联合产品的本质、球队空间分布和暂时的比赛分配的约束和限制，虽然竞争程度可以通过特殊俱乐部降低价格来提高，然而，这在足球联盟内是不允许的，因此，联盟内的经济竞争是有限的，但是发生在联盟外和其他娱乐方式的外部竞争却是时常可见的。

Flynn 和 Gilbert（2001）、Noll（2003）等学者认为职业体育联盟是合资企业（joint ventures），并认为只有这样界定，才能解释为什么职业体育联盟能够获得一定的法律豁免，为什么那些从开始成立时就是单个实体结构的联盟无法良好发展，比如美国的足球联盟（Major League Soccer）、美国女子职业篮球联盟（Women's Professional Basketball League）、美国女子国家篮球协会（the Women's National Basketball Association）等。在这些联盟中，球队由联盟统一管理，而不像合资联盟中由球队自行管理，球队的管理者也和一般企业的管理者一样，不拥有联盟球队的所有权。从理论角度看，这种单个实体结构的联盟避免了反垄断的干扰，但从经验角度看，无论是欧洲还是北美，还没有哪个单个实体结构的联盟取得成功。

国内学者对于职业体育联盟的性质也提出了一些看法。王庆伟（2005）

认为职业体育联盟是指组织、管理和经营职业联赛的一种管理模式。杨年松等（2008）提出职业体育联盟不但是具有公司性质的企业集团，即集团公司，而且其下属的俱乐部或运动队属于子公司。张保华等（2010）则将职业体育联盟定性为由多间俱乐部以平等方式合作生产赛事服务产品的独立"联合企业"。姜熙等（2011）从反垄断法的视角对职业体育联盟的性质认定做了初步探讨，认为职业体育联盟应该被视为企业联营。李燕领等（2013）认为职业体育联盟属于企业与市场之间的中间组织，是市场和企业的互嵌，具有市场、企业的二重性，因组织成本、市场交易成本高低而体现出企业属性和市场属性的强弱。张兵（2015）提出职业体育联盟具有顺应西方经济、政治、法律和社会规限的特质，而作为西方职业体育出于利润最大化需求的产业化运营组织实体，其内在特质又体现为利益共同体组织。

三、竞争实力均衡的基本概念及其影响因素

（一）竞争实力均衡的基本概念及其重要性

Topkis（1949）在分析职业体育联盟的垄断特征时尽管没有直接提及竞争实力均衡的概念，但隐含了这样一种思想：假如某支球队有聚集所有优秀球员的企图，那么就不会有谁去观看这支球队的比赛。Rottenberg（1956）提出棒球这种产业的本质就是竞争者必须在规模上保持均衡。Neale（1964）强调了联赛排名效应的重要性，以及不同赛季排名变化的重要性。Jones（1969）分析和讨论了俱乐部之间平等竞争的重要性。Quirk 和 El-Hodiri（1974）认为比赛实力竞争平等性是体育联盟的一个重要目标。Janssens 和 Kesenne（1986）强调体育平等性的重要性。Quirk 和 Fort（1997）等研究了比赛结果的不确定性。Palomino 和 Rigotti（2001）讨论了球队之间的对称性。Sloane（1971）强调了竞争实力的多维性，以区别长期结果的不确定性和短期结果的不确定性，并认为一个或两个俱乐部长期独占可能是更重要的。Cairns、Jennett 和 Sloane（1986），Goosens（2006）给出三种比赛结果的不确定性：单场比赛结果的不确定性、单个联赛比赛结果的不确定性、多个联赛比赛结果

的不确定性。Daly 和 Moore（1981）、Dobson 和 Goddard（2001）、Quirk 和 Fort（1992，1955，1999）、Zimbalist（1992a）、Sanderson（2002）、Sanderson 和 Siegfried（2003）、Michie 和 Oughton（2004）、Hadley et al.（2005）、Crooker 和 Fenn（2007）、Pawlowski Tim（2013）、Owen 和 King（2015）、Fort 和 Lee（2020）等的研究则直接运用了竞争实力均衡的概念，指球队竞技能力相当。竞争实力越均衡的球队组成的联盟，其每场比赛的结果不确定性就越大。在一个完全均衡的联盟中，每一个球队都有均等的获胜机会。此外，在一个完全均衡的联盟中，大家不可能预测到哪支球队能够获得当前赛季的冠军或之后赛季的冠军。

至于为什么会要求竞争者保持竞争实力均衡，Rottenberg（1956）、Neale（1964）和 Jones（1969）认为，对于一般企业而言，假如不去考虑反垄断法，对于那些无论是追逐利润最大化还是成长最大化的公司而言，最理想的状态是实现垄断。但是，当我们考虑职业体育时，如果一支球队需要获得最大的利润，很显然，它的竞争对手越强大，其获利的可能性就越大。正如 Neale（1964）指出，假如一支棒球队不断地积累优秀球员，直至这支球队在联赛中所向披靡，尽管它最终获得了赛季冠军，但等待这支球队的不是热情的球迷、大笔的收入，而是观众的流失、收入的递减，甚至是生存空间不复存在。

Michie 和 Oughton（2004）认为一个竞争实力均衡的联盟可以最大化潜在的门票收入和电视转播收入。Borland 和 MacDonald（2003）的经验研究显示，赛季结果的不确定性与人口数量之间存在正的和显著的影响。因此，维持和促进联盟的竞争实力均衡是最大化俱乐部和联盟利益的重要举措。

Quirk 和 El-Hodiri（1971）指出，假如联盟内俱乐部的获胜概率为 1，则比赛的门票收入会大幅度下跌，因此，在联盟中，没有哪支球队愿意储备球员至没有竞争对手的局面；另外，当主队获胜概率超过 0.5 时，球队获胜与门票收入之间呈现正向关联关系，每个球队都有超过联盟内其他球队的经济动机。

（二）影响竞争实力均衡的因素

竞争实力均衡一直被认为是衡量职业体育良性运行的重要标准。一个竞争实力均衡的联赛，能激励在位俱乐部努力满足消费者需求、减少竞争者的进入威胁，从而最终实现联赛财政稳定和健康发展的目标。联赛水平越高，对竞争实力均衡的要求越高。近年来，竞争实力均衡已经成为研究者很感兴趣的一个研究领域。

影响竞争实力均衡的因素包括内因和外因。内因即联盟主观的制度设计如工资帽、倒序选秀、奢侈税、自由球员和收益共享等；外因即联盟外部的客观因素如比赛规则的变化、竞争者和竞争过程的限制、竞争结构的调整和技术变革等。

在内因方面，Quirk 和 Fort（1995）根据调查指出如果不限制现金交易球员的话，倒序选秀制度起不到增进竞争实力均衡的效果。Grier 和 Tollision（1994）针对选秀是否能够促进职业足球竞争实力均衡提出了经验主义的证据，并认为选秀是一个平衡机制，但在各个队里运用选秀这个制度的能力大相径庭。

在外因方面，Kent 等（2013）通过测量历史上 7 个欧洲职业足球联盟比赛中的分数差别，检查了连续的规则变化对竞争实力均衡的有效性。Poisson 回归结果表明，在欧洲职业足球中，各种规则的变化确实影响比赛竞争力。第一个规则（Rule 1958）是在 90 分钟的比赛里允许球员替换，因此，在比利时、法国、意大利和西班牙的职业足球联赛里竞争实力更均衡。第二个规则（Rule 1970）是破门规则，阻止门将处理那些队友故意踢的球，这使得比利时、英国、法国、意大利、荷兰和西班牙的职业足球联赛的竞争实力均衡受到了破坏。第三个规则（Rule 1992）是红、黄牌使用规则，对于不同国家的不同情况，既有促进竞争实力均衡也有破坏竞争实力均衡的情况出现。

Sanderson（2002）指出，首先，球员通过与其老板和工会中的个人或集体议价，一直在试图限制竞争。他们限制了练习时间和补充的投入，禁止一些违禁物质的使用，参与随机的药物测试，并同意限制个人和集体收益。虽然他们可能改变某些球员垄断收入的局面，但是这些措施对促进竞争实力均衡没有明显的效果。比赛的限制不仅仅体现在个人身上，同时还体现在行为准则和器材上。F1方程式赛车和印地赛车的规格和发动机的性能标准都谈到隐性限制。对于高尔夫球赛，也有类似对球的限制，即一个球可以飞多远。在所有这些情况下，影响竞争实力均衡的因素是谁能利用那些可以使自己上一个台阶的资源。

此外，竞争的结构对比赛结果和竞争实力均衡的影响不亚于一个大市场的金融优势。新场馆或者利润丰厚的电视合同可以对职业棒球联盟（MLB）和其他三个主要职业联盟[美国国家橄榄球联盟（NFL）、美国职业篮球联赛（NBA）和美国国家冰球联盟（NHL）]产生影响。例如在国际象棋中白棋先走一步带来的优势与网球的发球优势、NBA的主场优势，以及印地赛车时占据跑道内圈、肯塔基赛马时抽签抽到前几个门带来的优势一样受人欢迎。以前，篮球队里有个特别高的球员可以抢跳获得球权对一个球队来说就意味着更多的进球可能性。

体育联盟中有一个做得不好的领域是没有成功限制运动员的体型。1962年，NBA和NHL球员的平均体重分别是199磅和183磅，现在则分别是227磅和202磅，NHL中球员的平均体重水平在同一时期也从209磅增加到241磅。这造成了一个负外部性效应，竞争对手必须在体重和肌肉力量上相均衡，否则没有对手的话，这个行业将不复存在，这凸显了竞争实力均衡的重要性。

拳击运动员也使用重量级别的排名来确定竞争对手，使大家在同一起跑线上竞赛。网球种子选手的确定也依据以往的比赛成绩。汽车赛车、田径比赛和游泳比赛都采用资格赛的选拔来确定最后的比赛资格。除了偶尔追求新奇或提升水平，女性是不与男性同台竞争的。所有这些设计都为了确保比赛过程的公平。

赛季的长度也会影响最终的比赛结果。例如，两支队伍的胜率分别为60%和40%，弱队在一次比赛中有40%的获胜机会，到第5场甚至是第7场比赛时，胜率就会降到32%和29%。在有11场比赛的赛季里，弱队仍有25%的机会获胜。而主客场的分配是2-2-1-1-1或2-3-2，这都对比赛结果有影响。在NFL，超级碗的决赛在折中的地方举行。国家联盟和美国联盟每年轮流在各自的主场进行4场比赛。NBA和NHL中常规赛成绩好的队伍被奖励可以有更多的主场作战机会。这些规则的设置都基于平等的前提。

冠军赛参赛队伍的数量或百分比、季后赛的参赛队伍数量也会影响强队的初始优势。例如，MBL中1/4的队伍参加季后赛；NBA半数以上的队伍参加季后赛，而季后赛有4轮。当轮数增加或有5～7场比赛时，弱队说不定在哪场比赛里就有可能击败常规赛里最强的队伍。

最后，技术的革新对竞争实力均衡也有影响。技术对训练和竞争力是一个重要的补充，它影响球员相对的和绝对的表现，因为它提高了运动员的效率，同时也促进了设备、场地表面质量和运动员营养的改进。例如，游泳池本身也会影响比赛结果。一流的水质（更频繁地过滤，提高游泳队员的观看距离）、最佳空气和最佳水温，保持池水容量防止有湍流，并使用更大的泳道标记吸收和消散波浪都能提高游速。保持其他条件不变，水深的池子游起来比水浅的池子快，因为它抑制海浪和湍流的效果更好。田径跑道表面的改变，从煤渣、黏土、页岩，再到1950年的人工合成物，都缩短了赛跑的时间。另外，起跑点的使用、跑鞋、空气动力学服装，甚至电子计时设备也都提高了成绩。速度滑冰的技术进步体现在服装和新式冰刀（保持叶片与冰接触的时间更长，从而增加速度）的使用上，这些都会使运动员有更快更好的表现。各项纪录在20世纪90年代新技术引入后马上就被改写了。乒乓球拍从砂纸、软木或1952年的硬橡胶演变成现在的厚海绵橡胶球拍，提高了乒乓球的速度和旋转，影响了球接触各种表面或覆盖物的反应。运动器材、训练设施和管理体制的进步，人体力学知识和营养、医疗过程的出现（并将继续出现）淘汰了一些竞争者。它们影响了年轻人和老年人之间的平衡、富人和穷人之间的平衡。它们解决了代与代之间出现的问题，也创造了新的问题，包括导致持续的技术军备竞赛，但是能够掌握最新的训练技术和设备的人总能获得短期的竞争优势。

四、职业体育联盟的制度安排与竞争实力均衡

职业体育联盟关于制度安排与竞争实力均衡的理论和经验研究可追溯到 Rottenberg（1956）、Quirk 和 El-Hodiri（1971, 1974），他们认为对于保留条款、倒序选秀、球员自由转会等制度安排，一个衡量的标尺就是这些制度是否改善了竞争对手的竞争实力均衡和球员的重新分配。自那以后，经济学家们致力于从多个角度对制度安排与竞争实力均衡进行理论和经验研究（Peeters，2015；Dietl et al., 2011；Crooker & Fenn, 2007；Michie & Oughton, 2004；Sanderson & Siegfried，2003；Bougheas & Downward, 2003；Dobson & Goddard，2001；Downward & Dawson, 2000；Hoehn & Szymanski, 1999；Vrooman, 1995；Quirk & Fort, 1992，1995, 1999；Scully, 1989, 1995；Zimbalist, 1992a；Peel & Thomas, 1988；Jennett，1984；Daly & Moore, 1981；Neale, 1964），包括关于自由代理、限制进入、扩张的联盟规则对竞争实力均衡与球员重新分配的影响，以及倒序选秀制度、收入分享制度的实施效果等。本节主要对收入分享和保留条款两个制度安排文献进行梳理。

（一）收入分享制度与竞争实力均衡

关于收益重新分配的收入分享制度，[①]大多数俱乐部所有者认为这种制度安排可以避免小市场俱乐部破产或彻底失败，它能提高小市场俱乐部的存活率，从而最终促使联盟整体健康、稳定发展，且通过财政补贴，小市场俱乐部还可以获得购买优秀球员的资本，且竞赛场上俱乐部之间的竞争实力趋于均衡，从而避免大市场俱乐部长期垄断市场的局面。但是，球员则认为收入分享的目的是降低薪水，以至于球员和球员工会极力反对收入分享制度的实施。对于这种普遍存在的财政政策，学术界的讨论也是仁者见仁，智者见智。讨论主要集中在两个领域：一是收入分享制度是否能促进联盟内俱乐部的竞争实力均衡；二是如何设计最优的收入分享制度。

---

① 职业球队总共有四大收入来源：TR=RG+RB+RL+RS，即门票销售或门票收入(RG)、地方与全国电视转播权收入(RB)、许可权收入(RL)，以及包括豪华包厢、场地使用许可权与体育馆命名权在内的其他与体育馆相关的收入(RS)。门票收入、全国电视转播收入以及奖金池的收入分享是当前联盟较为常见的。

自从 Rottenberg（1956）具有开创性的论文提出众所周知的"不变性定理"①——无论球员的所有权归属于谁，任何制度和规则的设计都不会对球员分布②产生影响，其也随之被应用到收入分享制度对俱乐部竞争实力均衡的影响研究中。Quirk 和 El-Hodiri（1974）通过假设俱乐部的目标取向是利润最大化和联盟球员供给是常数的前提之下，运用数学模型从理论上验证了 Rottenberg 的不变性定理，并得出结论：在这样的假设条件下，收入分享制度对竞争实力均衡不会产生影响。沿着 Quirk 和 El-Hodiri（1974）的研究思路，学者们对收入分享制度对竞争实力均衡的影响进行了大量的研究，Quirk 和 Fort（1995）、Vrooman（1995）等学者采纳与 Quirk 和 El-Hodiri（1974）类似的假设条件也得出了同样的结果：在利润最大化的联盟中，主场门票收入的分享将会导致所有俱乐部减少对球员的总需求，因为在一个球员供给固定的联盟中，主队必须和客队分享它们拥有的额外球员所获得的额外竞赛收入，因此，收入分享制度的作用在于降低了俱乐部的球员成本，而对于竞争实力均衡的影响则为零。

Quirk 和 El-Hodiri（1974）采用经济模型分析和研究职业体育的问题，开创了学者们运用经济分析方法研究职业体育的先河，但学者们针对他们所构建的职业体育一般模型的几个假设条件提出了质疑，包括球员供给、联盟的目标函数、俱乐部收益函数、收入分享制度的细节安排。

1. 球员供给

在 Quirk 和 El-Hodiri（1974）、Quirk 和 Fort（1995）以及 Vrooman（1995）等的研究中，联盟球员供给是个常数。在这样的假设前提下，一个俱乐部雇佣一个额外的球员不仅意味着本队实力增强，同时也意味着联盟内其他球队实力减弱，从而影响球员的边际收入，而不会促进竞争实力均衡。显然，这个假设条件在北美职业体育联盟中是适用的，但对于1995年后实施波斯曼法案

---

① Rottenberg 的不变性定理，被之后的学者隐喻为科斯定理的体现，但这个观点之后受到了质疑，认为 Rottenberg 是在信息完全、不存在交易费用的假设条件下得出结论的，但若在一个信息不完全、存在交易费用的假设环境中，这个不变性原理就值得商榷了。

② 在职业体育经济研究中，球队拥有的球员数量作为衡量俱乐部竞争实力的关键指标。

的欧洲职业体育联盟，球员供给是富有弹性的，欧洲职业体育联盟可以在世界范围内招揽优秀的球员。Kesenne（2004，2005，2007）在基于持续递增的球员国际性流动的假设前提下，认为球员的边际收益或者球员的雇佣策略，依赖于联盟中所有球队的雇佣策略，而这种策略可视为一种非合作的纳什均衡，在这样的博弈过程中，所有球队都是欧洲开放劳动力市场的工资接受者，因此，每个国家锦标赛中每支球队的球员边际成本就可视为常数。Szymanski和 Kesenne（2003）基于两个俱乐部模型和 Kesenne（2005）基于 N 个俱乐部模型的研究均显示，在收入分享之后，拥有较多球员的俱乐部（不一定是大市场俱乐部）的需求曲线比较少的球员俱乐部的需求曲线移动得要少，与最初的劳动力市场均衡点相比，收入分享制度会破坏竞争实力均衡，[①]亦即，更多的球员仍将集中在球员多的俱乐部中。

2. 联盟目标函数

联盟利润最大化的假设条件在北美职业体育联盟中被普遍接受，但在其他联盟中却未必适用。Sloane（1971）基于英国足球的实践，最早对欧美职业体育俱乐部的目标函数进行了对比分析，研究结果显示，英国足球俱乐部的发展模式是效用最大化的。他认为英国足球俱乐部之所以不是利润最大化的企业，主要原因在于董事们和股东们投资足球俱乐部，并不主要期待金钱上的收入，而是基于心理上的因素，如对权力的渴望、声望的需求、群体认可和群体忠诚的获得。沿着 Sloane（1971）的研究脉络，Kesenne（2000）也认为俱乐部的目标函数存在差异性，主要表现为获胜最大化和利润最大化两种形态。俱乐部目标函数的不同，会导致收入分享制度对竞争实力均衡的影响也不同。

Kesenne（2000）的研究显示，在以获胜最大化为目标的联盟中，主场门票收入分享可以促使小市场俱乐部通过在收入分享中获益而增加对球员的需

---

① 假设给定本土球员和外国球员的边际收入，很显然，前者要远远大于后者。这可解释为：在实施波斯曼法案之后，欧洲劳动力竞争市场上，本土球员与外国球员的边际成本相同，对俱乐部而言，它更愿意雇佣本土球员，这样它们可以通过降低其他队的竞争实力，提升自己的边际生产力。在混合球员的模型中，基金收入分享会破坏竞争实力均衡，原因在于多球员俱乐部和少球员俱乐部对于国外球员的需求不一样，多球员俱乐部会大大减少对国外球员的需求（Kesenne，2005）。

求，而大市场俱乐部则会减少它对球员的需求，故主场门票收入分享会促进竞争实力均衡。Kesenne（2005）进一步研究，假如在一个联盟中，有些俱乐部是利润最大化，有些俱乐部是获胜最大化，在这种情况下，通常假设小市场俱乐部会追求获胜最大化，而大市场俱乐部则会追求利润最大化，这样，收入分享制度的影响就显而易见，有益于竞争实力均衡，促使小市场俱乐部增加对球员的需求，而大市场俱乐部减少对球员的需求。Booth（2004）则对澳大利亚足球联盟的竞争实力均衡进行了实证分析，研究结果显示，在获胜最大化的俱乐部，门票收入将促进竞争实力均衡，但对球员的薪水不会产生任何影响。门票收入的分享降低了强队的平均收入，增加了弱队的平均收入，使得球队之间获得球员的能力趋于平衡。如果仅仅是门票收入予以分享，则每个球队获得球员的能力相等。然而，因为球队是获胜最大化的，总收入又保持不变，故球员的薪水不会发生改变。而随着联盟总体收入的提高和联盟收入的分享，球员的分配将越来越趋于平衡，球员的薪水有随之增加的趋势。

3. 俱乐部收益函数

在 Quirk 和 El-Hodiri（1974）、Quirk 和 Fort（1995）、Vrooman（1995）等学者的模型中，俱乐部主场门票收入函数的一个关键变量是主场球队的相对质量（通常用主场球队球员数占联盟总球员数的百分比来表示），即当一支球队相对质量提高时，在其主场的观众（收入）会增加，而在客场时观众（收入）会减少。在这种情况下，假如门票收入没有被分享，球员的边际产品收入量（marginal revenue product，MRP）等于他对主场收入的贡献。而在实施了门票收入分享制度之后，球员的 MRP 等于主场收入与俱乐部客队之间的净差额（net change），收入分享制度对竞争实力均衡不会产生影响，只是影响了球员的薪水水平。Marburger（1997）认为在评估主场收入函数中仅仅考虑了球队的相对质量，那就意味着主场对阵低水平球队的比赛会比对阵高水平的比赛更能获得主场观众的青睐，而这显然是违反直觉和经验事实的（Bruggink & Eaton, 1996）。Sandy（2005）也指出，仅仅从球队相对质量角度考虑主场球队的收入问题，显然是把复杂问题过于简单化了。比如，主场门票收入不仅取决于球队的相对质量，还会受到客场球队出场球员的影响，即使该球队中球员总数量较少，且球队成绩较为一般（例如当初乔丹所在的奇才队水平不是很高，但因为有乔丹在，该支球队仍然颇受观众的青睐）。此外，由于球迷观赏动机的差异性，仅仅考虑主场优势是远远不够的。对于球迷而言，有些是纯粹的球迷，他们关注的是比赛的精彩程度，更倾向于观看竞争实力接近的球队之间的比赛，而不会仅仅忠诚主场球队；而有些球迷仅仅关注本地球队的获胜情况，而不关注客队的表现，当然，很显然大多数的球迷是介于纯粹球迷和绝对偏好球迷之间的。

因此，Atkinson、Stanley 和 Tschirhart（1988）、Marburger（1997）、Kesenne（2000）运用包含了球队绝对质量（the absolute quality of a team）或客队获胜百分比（the winning percentage of the visiting team）的更一般的俱乐部收入函数，通过对球队单位球员的 MRP 比较分析门票收入分享制度是否会促进竞争实力均衡。

Marburger（1997）认为，假如仅仅考虑球队的相对质量，则门票收入分享制度会同时降低所有俱乐部的球员 MRP，由此就会降低球员的薪水。此外，由于每个球队的 MRP 下降的幅度相同，则对于俱乐部之间球员的分配不会产生影响，自然不会对俱乐部之间的竞争实力均衡产生影响。而在考虑了主客场差异的模型中，门票收入分享制度对于单位球员的 MRP 的影响是含糊的，而且这个影响在不同的球队之间也可能存在差异性。门票收入分享制度对球员的 MRP 产生不同的影响，就会对俱乐部之间的球员分布产生影响，从而影响俱乐部之间的竞争实力均衡。实际上，当门票收入分享制度降低了球员薪水时，促进了俱乐部之间竞争实力均衡。假如球队的主场处于一个大市场，在其主场比赛能够获得的观众支持率远远超过当它在小市场打客场比赛时的观众支持率，则很显然，门票收入分享制度明显降低了大市场球队球员的 MRP。假如门票收入分享制度使得大市场球队球员的 MRP 的负向影响远远超过小市场球队球员的 MRP，则门票收入分享制度将促进俱乐部之间的竞争实力均衡。

4. 收入分享的细节安排

Quirk 和 Fort（1995）、Marburger（1997）、Kesenne（2000，2001，2005）、Szymanski 和 Kesenne（2004）等学者还根据收入分享制度的具体细节安排，讨论收入分享制度对竞争实力均衡的影响。

联盟常采用的收入分享制度主要有两种：门票收入分享（gate-revenue sharing）和基金收入分享制度①（central-pool revenue sharing）。不同的收入分享制度被不同的联盟所采用，对联盟俱乐部竞争实力均衡的影响也存在差异性。

Quirk 和 Fort（1995）认为如果俱乐部的收入中如本地广播收入费用没有列入收入分享计划，仅仅实施门票收入分享制度，会破坏竞争实力均衡。Kesenne（2001）运用联盟两个俱乐部模型收入函数证实，在利润最大化联盟中，主场门票收入可以促进竞争实力均衡，而基金收入分享计划不会改变竞争实力均衡状态。在获胜最大化的联盟中，无论是哪一种收入分享制度，均能够促进联盟的竞争实力均衡。然而，如果在获胜最大化联盟中，是小市场俱乐部占主导地位，收入分享制度则扮演了惩罚小市场俱乐部，降低联盟总收入的角色，因而收入分享制度反而会破坏竞争实力均衡。Kesenne（2005）基于 N 球队模型，采用 Marburger（1997）和 Kesenne（2000）运用球员需求曲线变动的方法进行进一步研究，结果显示，基金收入分享制度将破坏竞争实力均衡。

联盟及俱乐部会采用何种收入分享制度，是门票收入分享还是基金收入分享？收入是平均分配还是获胜即是一切的分享计划？联盟俱乐部是否会接受这种财政政策？

Easton 和 Rockerbie（2005）认为俱乐部之所以会接受基金收入分享制度，可能存在两个原因：一是基金收入（电视转播费用、服饰和特许权）与联盟公

---

① 在 MLB 中，存在三种基金收入分享方案：直接池方案（the straight pool plan）要求每个俱乐部将其净本地收入（俱乐部本地收入减去场馆开销）的 39%放入中央基金会，而后由所有俱乐部平均分配。分割池方案（the split-pool plan）要求俱乐部将其本地净收入的 20%放入中央基金会，中央基金会 75%的收入平分给所有俱乐部，余下的 25%则仅仅是在本地净收入处于联盟平均收入以下的俱乐部中进行分配。混合方案（the hybrid plan）计算每个俱乐部在前面两个方案下净收益被打了多少折扣，而后选择多的那个。MLB1996 年采用了混合方案，采纳的是 60%的分配方案，也就是说，俱乐部估计可以分到 60%净薪金；1998 年 MLB 采纳了分割池方案，80%的净薪金，2000 年 MLB 采纳了 100%的分割池方案。

平和联盟稳定发展呈现正向相关；二是收入分享制度可以增加大多数俱乐部的收益，因此，大多数俱乐部才会投票通过。他们设想球员供给有古诺假设（Cournot conjectures）、竞争假设（competitive conjectures）和卡特尔假设（Cartle conjectures）[①]三种情况，分别讨论球队所有者对收入分享制度的偏好。在古诺假设中，假如俱乐部主场收入份额远远大于其在客场收入中接受的份额，则所有者会选择传统的门票收入分享制度，而如果俱乐部每场主场平均收入远远小于联盟其他俱乐部的每场主场平均收入，所有者则会主张采纳集合基金的收入分享制度，同时，集合基金分享制度会促使球队所有者加大对于收入分享制度的支持力度，不仅仅考虑与他们自己有关的赛事收入，而是考虑联盟所有赛事产生的收入。在竞争假设中，俱乐部所有者对于传统的收入分享制度和集合基金的收入分享制度具有相同的偏好。而在卡特尔假设中，任何一种收入分享制度都会遭到球队所有者的投票反对。

Matthias Kräkel（2007）讨论了在集中营销中广播权收入分享的最佳化问题。模型结果显示，假如广播收入主要依赖联盟的联合成绩且球队同质，联盟会选择"获胜就是一切"的收入分享制度（也就是讲，联盟中的获胜者将得到所有的转播收入）。然而，如果广播收入主要依赖于联盟的竞争实力均衡和球队是异质的，联盟的最佳分享计划是选择平均分配，每个俱乐部都可以收到相同份额的收入，不管成绩是什么。

作为联盟的一种强制执行手段，收入分配制度是否在所有的联盟中都适用？Atkinson等（1988）基于委托代理分析框架论证了收入分享制度的适用性。在职业体育中，同样存在委托代理关系，委托人是联盟，代理人是俱乐部所有者。[②]俱乐部所有者拥有球队球员的信息或者知道球员对其球队产出的贡献，这些信息作为一种战略不会被其他代理人所获知，其重要性在于可以

[①] 古诺假设:球队获得额外球员不会对其他球队球员的薪水产生任何影响。竞争假设:球队获得额外球员完全以损害联盟其他球队利益为代价。卡特尔假设:意味着每个俱乐部以相同比例增加球员的储备。
[②] 在职业体育中,存在着复杂的委托代理关系。一方面,俱乐部的所有者成了委托人,职业体育联盟的经理人则是被这些所有者雇用,为联赛的整体利益最大化工作,并监督所有者的某些特定活动。而另一方面,在联赛以外的活动中,联盟经理人为委托人,俱乐部的所有者又成为代理商,这些代理商招募有才能的运动员,而正是这些运动员以及他们在各个球队中的分布决定了俱乐部利润的大小,在本书中,主要强调的是委托代理关系。

增加球队获胜时的私人、非金钱利益。由于获胜具有零和博弈性质，亦即假如球队获胜时的私人利益非常大时，联盟强制分配球员以最大化联盟收益的举措将遭受失败，而假如俱乐部所有者的目标函数是利润最大化，在强制执行和非合作两种方案中，非合作代理人平均分享收入可以达到球员的最佳分配，从而使得联盟收益最大化。

Atkinson（1988）还进行了经验研究。基于球员供给固定和所有者是利润最大化的假设前提，收入分享制度是有效的，但其在经验研究中发现，所有者不是纯粹的利润最大化者，而是一个效用最大化者，既对利润感兴趣，也对获胜时私人的、非金钱利益感兴趣。这可以从球员薪水明显超过目前边际收入产出中可以看出。当所有者为优秀的球员相互竞争时，球员的薪水就会上升。当不存在纯粹的利润最大化假设行为时，收入分享制度对于球员分布和薪水的影响是不明确的。然而，经验研究显示，收入分享制度可以使得联盟趋向分配的最佳化，在平均分配收入下的边际收入产出要优于没有分享收入。因此，在 NFL 中实施收入分享制度是非常有必要的。这与 Holmstrom 的结论一致，如果所有的产出全部由非合作的代理商共享，那么委托人就有必要采取某种方式来避免出现不如人意的结果。

收入分享制度是否会被联盟采纳，还取决于俱乐部的预算约束。Quirk 和 Fort（1995）、Kesenne（2007）等学者指出，收入分享制度可以使得联盟总收益增加和低预算俱乐部的收益增加，但对于高预算俱乐部的影响显然是模糊的。Kesenne（2007）根据球员供给的不同形态，分析收入分享制度对受不同预算约束的俱乐部的影响。对小俱乐部和中等俱乐部而言，无论是球员供给固定的瓦尔拉斯均衡还是供给弹性的纳什均衡，它们的收益都可以得到提高。而对于高预算俱乐部而言，在瓦尔拉斯均衡中情况是显然的：假如俱乐部在实施收入分享制度前收益远远高于联盟平均俱乐部预算，则收入分享制度会导致其收益减少；在纳什均衡中，在理论上，收入分享制度对高预算俱乐部的影响结果是无法确定的，但是与联盟平均预算相比，预算约束越高，收益递减的可能性就越高。

（二）保留条款制度与竞争实力均衡

如前所述，俱乐部之间相互合作和竞争是由职业体育联盟"特殊的经济性"决定的（Neale，1964）。合作性体现在，联盟俱乐部成员共同制定比赛规则、联赛竞赛计划，提供公正裁判，设计球员合约以及采取各种管理措施。竞争则主要体现在赛场上，因为赛场上任何"合作"行为都会影响比赛结果的确定性，这是为球迷所厌恶和唾弃的。在合作中，关于球员转会尤其是MLB 的保留条款制度受到的抨击最多、最频繁（Eckard，2001）。在 1879—1975 年，美国棒球球员一旦和一支球队签订合约之后，该球员就不能为另外一支球队打球，球队所有者在与签约队员谈判新合同时，具有买方垄断权力——球员不签协议的唯一选择就是放弃比赛，或者到 MLB 以外的联盟去打球。保留条款制度是将球员所有权赋予一个球队，尽管在 1975 年之后取消了，但即便是在实行了自由转会制度之后，保留条款制度的一些标准和思想仍得到延续，比如在 MLB 中，球员需要在一支球队服务 6 年之后才能成为自由人。此外，联盟还设计了一些限制球员流动和球员薪水的新规定。球队所有者和联盟管理者认为劳动力市场上的限制条款的目的在于实现联盟竞争实力均衡和财政稳定。假如没有这些限制条款，一个富有的大市场俱乐部就有可能积累最优秀的球员，在联盟中占据优势地位，而贫困的小市场俱乐部就会面临着破产的威胁。而球员则认为所有者设计保留条款制度和类似保留条款制度的限制条款的目的在于促使俱乐部获得买方垄断权力，实现球员到球队租金的转移。对保留条款制度以及类似的限制条款的讨论也吸引了许多经济学家的关注，学者们基于不同的研究视角，从多角度分析和讨论了它的合理性和功效性。

Rottenberg（1956）首先否认保留条款制度促进竞争实力均衡的作用，认为球员的重新分配可以通过市场自我调节机制实现。他指出，一支俱乐部在长期的经营过程中，会因为经营规模的扩大而增加成本。如果假设球员是球队规模的函数，球员是基于其能力自由签订合约的，且整个产业中高水平的球员供给是无弹性的，那么，因为经营规模的扩大而成本增加，将最终导致该俱乐部的利润开始减少，观众开始流失。于是这个利润最大化的职业体育俱乐部就会选择出售球员给弱队，结果是，球员在球队之间均衡分布。这是科斯定理①在职业体育中的应用。

　　Rottenberg（1956）应用规模报酬递减规律和规模经济来支撑他的理论，认为如果一个大的俱乐部不停地购买额外的球员，最后总产出将以一个递减的比例持续增加，当一支球队变得很强大时，它就会将星级球员转会到较少成功的球队。针对 Rottenberg 的观点，Sloane（1971）基于欧洲职业体育的实践提出了质疑：首先，球迷和球员都不愿意优秀球员转会到差的俱乐部；其次，如果俱乐部规模存在很大的差异，边际收入产品（边际产品收入量）不可能在俱乐部之间实现平等。实际上，欧洲的许多小俱乐部会实行薪水限制的策略，以免支付过多而造成财政危机。

　　基于球员合约成本和机会成本，Daly（1992）认为保留条款制度有助于促进俱乐部之间的竞争实力均衡，促使球员的分配达到最佳。Daly 认为优秀运动员的经济回报部分依赖于已有球队愿意在该球员的训练和发展方面投入多少。棒球中出现保留条款制度，原因在于棒球不同于足球、篮球项目，大学棒球球员不会直接进入 MLB，因此，棒球运动员在小联盟进行多年的锤炼就显得非常必要，这牵涉训练成本的问题。Daly 进一步的研究揭示，一旦球员成为 MLB 中的一员，他的技能就属于完全可交换的，在一个完全的自由代理世界里，购买球员的球队可能出高价，因为它们不需要考虑前期的训练成本。因此，保留条款制度赋予原有球队在有限时间内对球员的专有权，使其可以通过支付低于市场的工资而得到原始投资的回报。这样，保留条款制度促使球员和所有者之间互惠互利，这对于棒球球员的发展投资是非常重要的。

　　Daly 等（1981）认为球员合约制度的设计可能和一个假设有关：在职业体育联盟的生产过程中外部效应是内在的，而且非常重要。因此，将这些外部效应内在化无疑能够降低联盟的交易成本。联盟竞争实力均衡，属于公共

---

① 科斯定理是指如果产权明晰，交易成本为零，则产权属于谁并不重要，资源都可得到有效利用。言外之意就是，即使外部性导致了市场失灵，也不需要额外的制度安排去约束球员的流动。

物品，它对所有的球队均有益，但没有哪支球队会产生自愿供给或提高的动机。因此，在联盟的利益和球队的利益明显存在矛盾时，联盟有趋向获得垄断权力的动机，通过保留条款制度等可以促使资源分配把这些外部效应内在化，从而促使联盟竞争实力均衡，达到扩大整个联盟利润回报的效果。

Eckard（2001）则通过运用经验数据追溯保留条款制度产生和发展的历史缘由，证明了保留条款制度背后的真正动机是俱乐部所有者能合作获得买方垄断权力，而对于俱乐部所有者所声称限制球员流动的条款有助于提高公共利益的观点值得质疑。

Fort（2005）重新审视了 Rottenberg（1956）关于保留条款制度的研究，并通过实证研究探究了19世纪80年代的保留条款制度对竞争实力均衡的影响。研究发现，保留条款制度对职业体育竞争实力均衡产生了负面影响。

第二章　职业体育联盟的起源与演变

第一节　北美职业体育联盟的起源与演变

追溯北美职业体育联盟的起源与变迁，不可避免地首先要回到17世纪的英国。17世纪中期的英国资产阶级革命推翻了英国的封建专制制度，建立了以资产阶级和土地贵族联盟为基础的君主立宪制度，成为世界上第一个确立资产阶级政治统治的国家。资产阶级利用国家政权加速推行发展资本主义的政策和措施，促使工业革命的各种前提条件迅速形成。18世纪，以蒸汽机为标志的历史上第一次技术改革，开创了机器代替手工劳动的时代，使得越来越多的人从劳动中解放出来，获得更多的自由时间，为现代体育的发展奠定了物质基础和时间条件。英国纯种马比赛就是现代体育有组织、系统管理的典范。

在1100—1650年的封建社会时期，英国的贵族们通常借助马匹来显示他们对农奴的统治。在封建社会瓦解以后，马匹虽仍然保留它的象征功能，只是开始成为财富和经济权利的象征。正是在此历史背景下，1750年，英国纽玛克特的一批贵族资助成立了著名的"赛马俱乐部"，不定期举行一些赛马比赛和马匹的买卖活动，马匹所有者精心安排比赛，并捐赠奖金以炫耀他们最好的马匹和巨额的财富。在18世纪中叶，尽管英国具有非常严格的社会阶层观念，但是赛马比赛吸引了不同阶层人群的参与。这些社会精英——马匹所有者，为保留传统和履行社会义务，不收取任何入场费用。

在组织管理方式方面，赛马比赛基本采用志愿者管理体系，以及由拥有马匹和土地的贵族控制比赛赛事。这个管理体系从一开始就显示了公平性。因为公众相信贵族们——这些有文化、富有的、正统的人不会受到贿赂的诱惑、宿怨的影响而做出不公正的决定（Barr, et al., 2004）。此外，尽管马匹是显示财富的重要手段，但这些所有者很少有兴趣将管理体育比赛作为他们的商业兴趣。结果，赛马比赛和体育运动与资本体制累积的过程形成了巨大的反差。赛马比赛的存在是为了娱乐富有的俱乐部成员，而并没有发展成为自我支持的独立财政实体。18世纪和19世纪，这种依赖于赛事公平、观众忠诚支持和志愿者管理体系的俱乐部体制已经成为当时欧洲体育运动的一种成功的组织管理方式。

随着大英帝国的扩张，体育俱乐部制度也传到了大西洋的对岸——北美。在1800年年初，美国上流社会的体育爱好者就尝试把英国的俱乐部制度引入美国的体育运动发展中，但收效甚微。俱乐部制度在美国最大的障碍在于缺乏支持俱乐部制度的贵族，以及缺少对体育运动的支持。

因此，一种新的职业体育发展模式——联盟制度在美国诞生和发展。1876年，棒球成为美国第一个定位为联盟管理的体育运动项目。

体育史学家一般将现代棒球运动的起源归功于1845年荷兰籍纽约人创建的纽约人俱乐部。这些年轻人为了消磨晚间或周末休闲时间而开展比赛活动，随后迅速地蔓延。1857年，一个旨在使比赛规则标准化和安排中立的比赛日程的组织机构成立——美国球员棒球协会（National Association of BaseBall Players，NABBP），到1860年，这个组织机构的成员已经达到400多个，俱乐部从美国的东北区域延伸至中西部地区。在这个时期，俱乐部之间的比赛追求的是业余性，支付球员薪水的行为被组织判定为不合法。但随着比赛从城市内转移到城市之间，这种不正式的比赛导致了俱乐部对优秀运动员的相互竞争，球员可以在俱乐部之间流动，尤其是在1865年美国南北战争结束之后，暗地里支付球员薪水的行为迅速蔓延，到1869年，正如Chadwick（1869）所说：

……这是众所周知的，几乎所有处于领先地位的俱乐部都雇佣职业球员，这就使得禁止支付球员薪水的规则形同虚设，这就必然带来改革，使得俱乐部可以公开招聘职业运动员，而后者也可以同样视其为一种职业。

在职业与业余的较量中，美国球员棒球协会解体为两个部分：一部分主要发展业余棒球运动；另一部分主要发展职业棒球运动。1869年被后来许多学者视为美国职业团体性运动发展的分水岭。

1871年，第一个准职业体育联盟——国家棒球协会（National Association，NA）创建，国家棒球协会成立大会通过的第一个决议就是，组织一个正式的国家锦标赛，弥补美国球员棒球协会未组织过正式国家锦标赛的遗憾。

但NA的管理松散，以致史学家们通常不承认它是真正的棒球联盟。NA没有对其成员限定资格，任何俱乐部只要递交一个书面申请表和10美元的费用就可以加入；也没有对成员的财务情况或成员所在市场的潜力做出规定和限制。一些俱乐部类似于合资企业，其他一些则类似于"合作社"（来自很小的城镇，主要依靠门票收入支付球员薪水和其他的支出）。在1871—1876年，17个城市中有24个俱乐部参加锦标赛，每年比赛队伍在8到13支之间，大城市一般有2个俱乐部，1875年费城就拥有3个俱乐部。赛季中失败是常有的事情，每年大概有1~4支俱乐部退出比赛，它们要么来自小城镇的合作社，要么是1个城市多个俱乐部中最弱的那个俱乐部。

尽管NA创建和组织了全国性的锦标赛，但并未建立一个完整的职业联赛，参赛俱乐部在每年的11月1日之前打满5场比赛就视为完成了联赛，冠军依据获胜次数来决定，而不是依据获胜百分比。每个参赛俱乐部拥有自己安排比赛场数、赛程的权力，这使得新闻媒体在赛季中播放联盟排名时，时常会出现多个版本。

此外，自1860年棒球比赛越来越吸引观众注意力以来，赌博成了制约棒球发展的一个问题。球员接受赌徒的贿赂打假球；裁判员则因为贿赂或强烈的本土偏见而裁判不诚实和不公平。这使得比赛的合法性和公平性受到了极大的质疑，锦标赛竞争陷入混乱和争议中，因此，NA 制定了一些有效约束裁判员的规则，但最终却对球员的虚假行为束手无策。

球队加入联盟没有任何资格限制，赛季中球队可随意退出。棒球赛场的赌博现象频发、联盟排名模糊……管理松散的 NA 促使了一个真正意义上的职业体育联盟的诞生。1876 年，NA 中 6 支最强大的俱乐部以及另外 2 支强大的"中立派球队"（Seymour，1960）创立了美国国家联盟（National League，NL）。

参照 NA 的管理经验，新成立的 NL 进行了组织创新，其主要表现在三个方面：第一，对成员资格实施限制，只有符合一定城市规模、有充分财政支持的俱乐部才能够加入联盟，且必须经过联盟在位俱乐部的许可。第二，通过赛制创新，创造了完整的职业联赛，使得联盟的成功不仅仅依赖于一场场单独的比赛，而是依据正式的竞赛规则举行的一系列稳定的比赛。第三，赋予俱乐部主场领土垄断权，允许每个城市只拥有一支俱乐部。培养球迷对本地球队的忠诚感和自豪感。为了削弱 NL 所在城市其他独立棒球俱乐部的市场，联盟提倡 NL 球队要代表当地社区的理念，为此，NL 球队成为代表权力的本地机构，支持本地的 NL 球队视同为本地的骄傲。第四，实施收入分享制度以及球员在球队之间均衡合理分布的计划，从而保证球队之间的竞争实力均衡。

NL 的规章制度得到了有效执行，并在联盟创始之初就显示了其强大的强制性和威慑力。纽约同好（New York Mutuals）和费城运（Philadelphia Athletics）这 2 支实力比较雄厚、位于大城市的俱乐部，因为在 1876 年拒绝赛季后进行西部巡回而被联盟开除，当这两支俱乐部在次年重新申请加入时，尽管它们都拥有强大的财政支持，联盟最终还是拒绝了它们的申请，从而有效维护了联盟的强权性。此外，联盟还采取了一个强硬措施来反对赌博。1877 年，路易斯维尔灰人（Louisville Grays）的 4 名队员因为牵涉假球而被联盟终身禁赛，这个惩罚尽管最终导致俱乐部解散，但为联盟的诚信发展奠定了扎实的基础。

为了能够和联盟外的俱乐部竞争最优秀的球员，NL 于 1879 年在球员市场上推行保留条款制度，成功阻止了联盟内俱乐部相互竞价出高薪的行为。
1879年9月29日，在NL纽约布法罗俱乐部的一个秘密会议中，NL通过了一
个必须运用严格规章制度以提升联赛声誉和维护俱乐部财政安全的声明，尽
管当时该声明并没有对保留条款①（reserve clause）等制度进行详细说明，但
在几天后的布法罗报纸（*The Buffalo Commercial Advertiser*）上提到了保留条
款制度的思想："球员高薪水是俱乐部财政危机的根本，为了避免俱乐部竞相
争夺优秀球员导致恶性竞争，有必要制定一个统一的薪水制度，但实践证明，
这个方案是无法实现的。因此，建议每个俱乐部在下一个赛季（1880年）挑
选5名运动员为其核心运动员，这些被选中的球员未经俱乐部同意，不得和
其他俱乐部签订合约。"这个条款从最初保留5名队员逐渐发展到1883年的11
名队员，到1889年，扩展到了整个球队。

　　这就使得保留条款犹如终身契约，原球队拥有与球员重立合约的优先权，
球员只有在球队给予"离队同意书"的时候才能够转队，这就使得俱乐部只
要想留住该球员，它就可以尽可能长地限制球员出售其服务。从字面上看，
保留条款制度的出发点源自扼杀球员对于高薪水的贪婪，是一种有利于公平、
健康竞争且能固定价格的策略（显然，从美国反垄断法的发展历程来看，在
这个时期，固定价格仍然是合法的，因为美国的反垄断法在1890年才出台）。
然而对于球员而言，这是一项减少其自由流动和工资待遇的限制机制，在保
留条款制度设立10年之后（1889年），反感保留条款制度的球员成立代表自
己利益的球员协会，以集体的力量来抗衡这个限制机制。在球员协会成立之
时，NL针对保留条款制度发表详细说明，认为保留条款制度的目的在于提高
公共利益，尤其指出"联盟内的弱小俱乐部有保留5名运动员的权利"，从而
使得联盟内所有俱乐部的竞争实力处于一个势均力敌的水平上，避免竞争实
力非平衡状态，促进联赛的健康良性运作。由于球员以及球员协会的共同努
力，NL于1976年开始实行球员自由代理制度。

---

① 美国职业棒球联盟于1922年的保留条款修正条例中规定：未经球队许可，球员不得自由转会，球队有
　权开除不接受球队薪资条件的球员，而擅自转会的球员，联盟内其他球队不得录用。保留条款制度直
　到1976年才被自由转会制度所取代。

随着每个赛季努力追求联赛冠军，NL发展稳定，使得其成员在竞价优秀运动员时比联盟外俱乐部更具有优势，到1881年赛季末，NL的品牌形象已初具规模。更为重要的是，这个成功并不仅仅依赖于市场规模，实际上，在美国12个大城市中有7个城市没有NL的俱乐部，在1876—1881年，许多非NL俱乐部已经发展得非常不错，而在此后的10年间，这些俱乐部相继成为NL的成员。

1882—1891年，NL主要面临着相继出现的竞争联盟的威胁，比如美国协会（the American Association, AA），仿效国家棒球协会的运营模式，于1882年成立，它提供低价门票、酒精饮料等，每周日安排比赛。AA在与NL共存的年代里，也打造了一个类似MLB的早期版本——联盟球队会参与一系列的表演赛，1891年12月，4支AA俱乐部加入到NL中。除了AA，在此期间，还出现了联合协会（Union Association, UA成立于1884年，受AA的启示而建，仅存活一年）、球员联盟（Players League, PL成立于1890年，因为球员反感保留条款制度而创建，仅存活一年）等（见表2.1）。

表2.1　1882—1891年美国主要的棒球联盟及球队数量

联盟	1880年	1881年	1882年	1883年	1884年	1885年	1886年	1887年	1888年	1889年	1890年	1891年
NL	8	9	9	8	8	8	8	8	8	8	8	8
AA			6	8	12	8	8	8	8	8	9	9
UA					8							
PL											8	

资料来源：Quirk J, Fort R D. Pay dirt: The business of professional team sports [M]. New Jersey: Princeton University Press，1997.转引自张林.职业体育俱乐部运行机制[M]. 北京：人民体育出版社，2001.

1893年，当初规模较小的西部棒球联盟，于1899年更名为美国棒球联盟（the American League，AL）成为NL最强劲的对手。当1990赛季NL将参赛球队数缩减为8支时，AL迅速占据了被其抛弃的克利夫兰市场和芝加哥南面市场，并于1901年宣称为"大联盟"，雇佣被NL抛弃的球员，并且将2支球队迁到NL球队所在的区域，形成了与NL针锋相对的局面。

历经2个赛季的对抗后，1903年，AL和NL签署了一份国家层面的协议，互相承认对方是MLB的一分子，在MLB层面商讨电视转播权、劳动力契约、营销合同以及雇佣仲裁人员等。

1922年，最高法院一致裁定棒球不适用于反托拉斯法案，法官霍尔默思表达了法院的意见，他写道，棒球比赛是一种"公开展览演出，而不是商业活动"。这种反垄断豁免使得棒球赛事得到了快速发展，也使得MLB在市场上能够更好地保护其卖方垄断权和买方垄断权。

MLB的成功，无疑被其他运动项目积极效仿，1898年，NBA成立；1917年，NHL成立；1922年，NFL成立。当然，每个联盟的发展也经历了类似MLB的轨迹，在与层出不穷的联盟的相互竞争中（见表2.2），每个项目逐渐形成了仅有一个联盟存在的格局，为联盟的垄断奠定了扎实的基础。

表2.2 美国职业体育竞争联盟基本状况

联盟名称	竞争联盟	成立年份	取消时间及原因
美国职业橄榄球联盟 1902年	American Professional Football Association 美国职业橄榄球协会	1920	
	American Football League 美国橄榄球联盟	1926	1927年
	American Football League 美国橄榄球联盟	1936	
	American Football League 美国橄榄球联盟	1940	1941年
	All-America Football Conference 全美橄榄球大会	1946	1949年，与NFL合并，前者以三个特许权加入后者
	American Football League 美国橄榄球联盟	1959	1966年，与NFL合并，1970年，与NFL形成一个联盟
	World Football League 世界橄榄球联盟	1974	1975年

联盟名称	竞争联盟	成立年份	取消时间及原因
美国职业橄榄球联盟 1902年	United States Football League 美国橄榄球联赛	1983	1985年
美国职业棒球大联盟 1903年	National Association 国家棒球协会	1871	
	National League 美国国家联盟	1876	
	American Association 美国协会	1882	1891赛季后与NL合并
	Union Association 联合协会	1884	1885年
	Players League(PL)球员联盟	1890	1891年
	Western League 西部联盟	1893	1899年更名为American League(美国联盟);1903年,与NL合并为MLB
美国职业篮球联盟 1949年	National Basketball League 国家篮球联盟	1898	
	Basketball Association of America 美国篮球协会	1946	
	National Basketball Association 国家篮球联盟	1949	
	American Basketball Association 美国篮球协会	1967	1976年与NBA合并
美国职业冰球联盟 1917年	International Pro Hockey League 国家职业冰球联盟	1904	1907年
	National Hockey Association 国家冰球联盟	1910	
	the Pacific Coast Hockey Association 太平洋海岸冰球协会	1911	1915年,与国家冰球联盟达成协议,两个联盟冠军争夺斯坦利杯

续　表

联盟名称	竞争联盟	成立年份	取消时间及原因
美国职业冰球联盟 1917年	The Western Canada Hockey League 西加拿大冰球联盟	1921	太平洋海岸冰球协会的姐妹联盟，两个联盟在争夺冠军之后与 NHL 争夺斯坦利杯；1924年，两个联盟合并改称为西加拿大冰球联盟
	Western Hockey League 西部冰球联盟	1924	1926年 WHL 与 NHL 兼并
	World Hockey Association 世界冰球联盟	1972	1979年 WHA 与 NHL 兼并

资料来源：Gregory J P. Antitrust analysis of sports leagues[J]. SSRN Eloctronic Journal, 2007, (1): 18–25.

　　时至今日，这四大职业联盟构成了美国职业体育的基本框架，每个联盟都已达到了拥有至少30支俱乐部的规模（见表2.3）。

表2.3　美国四大职业联盟的成立年份、规模以及比赛时间

名称	成立年份	现有规模（常规赛比赛场数）	比赛时间
MLB: NL 和 AL	1876年	AL:14支（164场）； NL:16支（162场）	每年4月至10月
NFL	1922年	32支（16场）	每年9月至次年2月
NHL	1917年	30支（82场）	每年10月至次年6月
NBA	1898年	30支（82场）	每年10月至次年6月

　　此外，美国职业体育四大职业联盟的现场观众人数处于稳步上升趋势：MLB 的观众人数从1890年的77万多增长到了2018赛季的超过6900万；NFL 的观众人数从1922年的46万增长到2018赛季的1700万；NBA 的观众人数从1949年的36万增长到了2018年赛季的2200万。而以2019赛季为例，每个联盟中各个俱乐部的收益达到2亿~3亿美元。具体来说，NFL 的总收益达到152.57亿美元（平均每个俱乐部每个赛季的收入超过了4.3亿美元），MLB 的

总收益达到 103.74 亿美元（平均每个俱乐部每个赛季的收入为 3.38 亿美元），NBA 的总收益达到 79.17 亿美元（平均每个俱乐部每个赛季的收入为 2.58 亿美元）；NHL 的总收益达到 43.68 亿美元（平均每个俱乐部每个赛季的收入为 1.39 亿美元）。

第二节　欧洲职业体育联盟的起源与演变

如前所述，尽管欧洲业余体育俱乐部的起源可以追溯到 1750 年的英国，但职业体育的发展显然要滞后于大西洋彼岸的美国。早期的英国业余俱乐部属于"上流社会"的团体组织，俱乐部根据申请者的职业、收入、社会地位来决定是否接纳其为成员。1863 年 10 月 26 日，英国人在伦敦皇后大街的弗里马森旅馆成立了世界第一个足球协会——英格兰足球协会，从此拉开了英国足球发展的新篇章。随着英格兰足球协会的成立，足球的普及程度越来越高，足球的影响力也越来越大，越来越多的普通人开始接触足球，足球运动不再局限在公立学校和贵族子弟中，而且 1871—1872 年冬赛季，15 支俱乐部参加了英国历史最悠久、最重要的足球俱乐部比赛——首届英格兰足总挑战杯（FA Challenge Cup），此时，足球运动已经深入工人阶级，城镇、乡村或私人俱乐部所组织的球赛甚至能够让工业生产暂停。

起初，俱乐部之间进行的是业余比赛。英国足球俱乐部明文规定："禁止从俱乐部获得工资收入的球员参加俱乐部比赛、联盟赛和国际比赛，任何雇佣该类球员的俱乐部都将被逐出联盟。"但随着比赛激烈程度的增加，优秀球员成为稀缺产品。因此，一些俱乐部为了获胜，开始向社会招募球员，并为他们参加比赛提供一定的报酬。而赛事逐渐受欢迎也为销售门票提供了可能，商业化在足球比赛中崭露头角，业余比赛逐渐受到挑战。1876 年，在北美成立第一个职业体育联盟的时候，英格兰的谢菲尔德星期三足球俱乐部就率先开始招募职业球员，1885 年 7 月，职业化发展的思路被足球协会所接受。在此基础上，1888年，在伯明翰经商的苏格兰商人威廉·麦克格雷戈和阿斯顿维拉俱乐部的官员携手创立了英国历史上最早的职业足球联盟，这是由12支职业足球俱乐部组成的英国顶级联盟（Division 1）[①]，目的是让当时已经成立多年的俱乐部常年都有比赛，并让俱乐部和球员的收入能够稳定下来。职业足球联盟成立之初，首任足联主席麦克格雷戈就宣称："联盟永远也不应成为一个立法机构，它必须是一个自我管理的组织，其宗旨是为内部球队服务。"

当球员逐渐成为专业运动员时，俱乐部逐渐演变为体育组织，职业化的发展使得门票收入、球员工资和体育场馆设施迅速增加，为了方便集资和避免承担无限责任，英格兰职业足球俱乐部开始在19世纪末实现有限责任公司制。1920年，英格兰的绝大多数职业足球俱乐部均从自愿成立的组织转化为有限责任公司。一般而言，英格兰职业足球俱乐部的主要股东和大部分的董事均来自当地的商业界，尽管工薪阶层也持有一些俱乐部的股票，但这些少量的股票并不足以对俱乐部的运行产生影响，而更多地体现为消费者对球队的忠诚。尽管大多数俱乐部的财务状况不容乐观，但直到20世纪80年代前，英格兰职业足球俱乐部都严格禁止董事会成员接受红利，这让很多经济学家和社会学家认为，这些富人向当地的职业足球俱乐部投入大量的私人资金，可能仅仅是为了实现童年时不曾实现的体育梦想而已。这种经营管理结构一直持续到20世纪80年代，1983年10月，托特纳姆俱乐部在伦敦股票交易所（LSE）的上市是个突破性的进展，通过发行股票，俱乐部筹集了330万英镑；1989年10月，米尔沃尔筹得480万英镑；1991年6月，曼联队筹得了670万英镑。此后，这种上市融资的方式吸引了许多俱乐部效仿，切尔西、利兹、桑德兰、谢菲尔德联队、伯明翰、诺丁汉森林等俱乐部相继上市。

当北美职业体育联盟经理人逐渐获得联赛的经营管理权时，欧洲足球俱乐部中则更多由俱乐部主教练扮演着球队事务的主要规划者和执行者的角色。

[①] 由于英国是联邦制国家，由英格兰、苏格兰、威尔士以及北爱尔兰共同组成，相应的有英格兰足协、苏格兰足协（1873年成立，1887年开始禁止球队参加英格兰足总杯，1890年开始组建苏格兰足球联盟，1893年开始推行职业化，每年和英格兰进行比赛）、威尔士足协和北爱尔兰足协，它们分别拥有各自独立的联赛、杯赛以及支持者，其中英格兰拥有世界上最完善的足球联赛体系，本节接下去的讨论基本是围绕英格兰足球而展开的，对苏格兰、威尔士和北爱尔兰的足球不做详细介绍。

在19世纪末和20世纪初，球队事务首先是由俱乐部主席和董事处理，主教练主要负责球队的训练和比赛，到了20世纪二三十年代，足球变得更为专业化，球队事务的处理权逐渐由董事转移到了专业主教练手里。在很多低级别联赛中的俱乐部，主教练的职能是多元化的，既负责球队的训练、比赛，同时还负责球员的转会、薪水的协商以及日常行政事务。而对于顶级联赛中的俱乐部，主教练主要负责选择、监督和训练队员，并制定球队的战略和战术。球员的转会、日常行政事务逐渐由专业的经理人负责。

目前，在欧洲市场中主要有五大联赛非常具有影响力，分别是英超（Premier League，20支俱乐部）、德甲（Bundesliga，18支俱乐部）、意甲（the Serie A，18支俱乐部）、西甲（Primera Division，20支俱乐部）和法甲（Ligue1，20支俱乐部），下面分别详细介绍前4个联赛。

英超联赛是欧洲最为成熟的职业联赛，是以英国成熟而健全的市场经济体系为基础建立起来的。英超联赛本身就是一个有限公司，它从成立之初就拥有独立的商业开发权，其所有权属于20支英超俱乐部，与联赛有关的许多重大事宜都由俱乐部投票决定，这种体制充分地保障了各个俱乐部的权益。同时联赛的经营以及俱乐部自身的成绩都会直接影响俱乐部的切身利益，这使得各个俱乐部的积极性也得到了充分调动。比如在分配电视转播权收入时，尽管每支英超俱乐部都会得到一部分英超电视转播权收入，但每支俱乐部所得到的收益都是由其转播场次决定的，这就促使每支俱乐部都要努力提高自身的实力和在球迷中的影响力，以获得更多的收入分成。为了保证裁判的水平，英超从2001年开始实行职业裁判制度，所有裁判和对比赛的监督都由职业联赛赛事官员有限公司（The Professional Game Match Officials Limited, PGMOL）统一提供。这种做法使裁判获得了较高的年薪和社会地位，同时英国法律对职业裁判受贿的处罚方法也有明确规定，这些都对防止"黑哨"的发生，保证比赛的公平公正起到了积极的作用。

德国足球领域的相关事项由两个不同的机构分别管理。对于甲乙级联赛的竞赛组织、许可证颁发以及市场营销等事项，由德国足球职业联盟负责；

而对于国家队、足协杯的赛事组织和安排，各类比赛的裁判员安排，法律事务的处理，后备力量的培养以及对德国足球整体名誉的维护，则由德国足球协会来处理。在足协、职业联盟和各职业足球俱乐部三者的关系中，足协始终保持中立的角色，同其他两者没有特殊关系。但是，职业联盟对德甲、德乙，甚至低级别联赛赛事的安排等，都会受到足协的监控。在对各职业足球俱乐部的管理上，职业联盟拥有绝对的权威。同时，新赛季前对各职业足球俱乐部进行审批和颁发参赛许可证的是职业联盟。职业联盟主席本人对联盟事务并没有绝对的决定权，联盟事务必须由来自各个俱乐部和足协代表组成的12人董事会进行讨论。不过，董事会的每项决定，要经职业联盟委员会会议讨论。这些委员来自各大俱乐部，有提出、审查和决定议案的权力。

德国足球职业联盟及各大俱乐部积累经费主要有两条途径：一是电视转播费，二是广告费。在过去几年中，德甲电视转播权几度易手，价格从1995—1996赛季的8436万欧元飙升至现在的近3.2亿欧元。此外，德甲球队的广告收入也是全球第一。如拜仁慕尼黑队的胸前广告"德国电信"每年要花费1700万欧元，就远远高于其他国家各大俱乐部的此项收入。

意大利负责管理足球事务的有两个机构，奥林匹克委员会下属有一个足球协会，过去曾是官方机构，近年来通过改革，已经成为一个半官方性质的协会性组织。另外，还有一个足球联盟。两个机构既有分工，又有合作。总体来讲，足球协会负责国家队、国家青年队、少年队的组织和训练及国际比赛等事宜，其下属有裁判员协会、教练员协会、足球运动员协会、体育仲裁机构等会员机构，足球联盟也是其会员之一。足球联盟则仅负责组织甲级联赛和乙级联赛及由这两个级别的俱乐部参与的其他赛事。目前，参加甲级联赛的有20支球队，参加乙级联赛的有22支球队，这42支俱乐部均为足球联盟的成员。足球联盟主席由上述成员民主选举产生。对于涉及国家队、国家青年队的赛事安排，以及欧洲足球锦标赛（简称"欧洲杯"）的安排，足球联盟需要与足球协会进行协调。

足球市场中，电视转播收入及企业赞助费在各个球队的经济收入中占有相当大的比例。为此，足球联盟中，有一部分电视转播合同是联盟出面为其成员签署的，而有一部分合同则是由各个俱乐部直接与电视台或赞助商签署的，但要在联盟备案登记。联盟每年从签署的合同中抽取1亿欧元，用以资助其42个成员。足球协会则负责与国家电视台签署电视转播合同。以AC米兰为例子，AC米兰俱乐部连续两年营业额超过2亿欧元，其中58%来自欧洲杯，25%来自电视转播收入，12%来自门票收入，5%为其他收入。

西班牙足球联赛始于1927年，时至今日占主导地位的联赛是西班牙国家足球联赛（LFP），由两个级别的42支队伍组成（20支队伍属于甲级，22支队伍属于乙级）。20世纪80年代，西班牙的职业足球同样开始走入盲区，俱乐部入不敷出，每年的预算只能用来填补上一年度的财政赤字，俱乐部根本没有能力让投资者获利。而西班牙皇家足球协会则坐享其成，拥有管理联赛经济的全部权力，在这样的背景下，各个俱乐部依靠《健康经济法》和《体育法》，成立了西班牙职业足球联盟，以最大限度保护俱乐部的权利。在商业开发上，西班牙职业足球联盟拥有完全的自主权，可以自己开发、生产和销售产品，电视转播权、赞助商也由职业联盟自己决定。当然，这些商品主要体现职业联盟的整体性质，比如吉祥物、各类录像资料以及标志等。职业联盟是拥有私有权的实体，受西班牙相关的体育、工业、文化法规的保护，在法律上也是独立的实体，而球员也有广泛参与管理的权利。

第三节　中国职业体育联赛的发展历程

一、中国职业足球联赛的发展历程

我国是足球的起源地，早在春秋战国时期，就出现了蹴鞠（塌鞠）这项运动。20世纪初期，现代足球传入我国，1915—1934年，中国足球队获得了远东运动会的九连冠，并于1936年、1948年两次入围奥运会，其间涌现出了李惠堂等知名球员。新中国成立后，国家足球队曾留学匈牙利，培养了一批影响中国足球未来几十年发展的人才。1992年6月，中国足球协会在北京西郊红山口召开了著名的"红山口会议"，确立了中国足球要走职业化道路的改革方向。1994年，中国足球甲级A组联赛（简称"甲A联赛"）开幕，正式拉开了中国职业足球联赛的序幕。2004年，中国足协正式推出"中国足球协会超级联赛"品牌，简称"中超联赛"。

第一阶段：中国足球甲级A组联赛（1994—2003年）

1994年，甲A联赛正式举行，标志着中国足球开始了职业化发展。甲A联赛全面推行俱乐部制，首届甲A联赛共有12支球队参赛，最终大连万达获得了首届冠军。在甲A联赛10年的发展历程中，大连实德（大连万达）共获7次冠军（1994年、1996年、1997年、1998年、2000年、2001年、2002年），上海申花获1次冠军（1995年），山东鲁能泰山获1次冠军（1999年）。但由于中国足球职业化刚起步，10年的甲A联赛可谓"毁誉参半"，高开低走，问题逐渐增多。10年间甲A联赛重大事件如表2.4所示。

表2.4　甲A联赛重大事件

年份	重大事件
1994	甲A联赛成功举办;引进洋外援;体能测试惹风波;周穗安事件;十连冠辽宁队画上句号;球员转会条例出台;大连万达夺冠
1995	足球运动管理中心成立;海埂集体上书拒绝体测;大王涛重归八一;球员转会;教练换班;商业比赛接踵而至;成都保级;辽宁降级;上海申花夺冠
1996	华南四虎比肩前行;东北军团烦事不断;韩金铭转会;大连万达重夺桂冠
1997	出走换门庭;"钱喂"赛岛来势猛;频繁换帅;国安万达创纪录
1998	转会成交额不断上升;上课下课、假球、黑哨频现;国安三杆洋枪打天下;中国球员走出国门;隋波事件;王健林一怒退出足坛;辽宁重回甲A
1999	一个新霸主的诞生;两大王朝的坍塌;三个飞去飞回的故事;四位教头各领风骚;五匹洋马吃了回头草;六个关键词;七星闪耀;八场有争议的比赛;九句惊人之语、十个下课的主教练;鲁能泰山双冠王;渝沈假球案
2000	阎世铎掌权中国足协;大连足球五度称雄甲A;足协腹背受敌;留洋风暴愈刮愈猛;延边足球降下大旗;西部足球群雄并起;车祸、猝死、灾难不断;足协推出休克疗法;教头大举登陆

年份	重大事件
2001	球市全面萎靡；海狮申花易帜；吉利把足协告上法庭；足协更改联赛赛程；足协发布国脚留洋禁令；马科斯妻子被殴；金德四球员命案；大连八年六夺冠
2002	"德比"大战；联赛持续低迷；大连队七夺联赛冠军；西安球迷骚乱；周宁竖中指事件；山东王超伤妻案；百事可乐釜底抽薪；千夫所指"实德系"；龚建平为"黑哨"买单；转会摘牌下岗；英超三人组
2003	非典影响联赛被迫推迟；澳彩为甲A开盘；八一撤编；"曲张官司"开庭；大连实德四大皆空；老彼德饮恨现代；辽足回归；纠纷惊动国际足联；金德整风狂炒教练；申花获得"缩水"冠军；重庆力帆"自杀未遂"

第二阶段：中国足球协会超级联赛（2004至今）

2004年是中超联赛元年，共有12支球队参加，最终深圳健力宝获得首届中超联赛冠军，也是中国第4个顶级职业联赛冠军。2005年中超联赛扩充至14支球队，该赛季取消升降级制度，最终大连实德夺冠，成为中国足球顶级职业联赛冠军。2006年中超联赛恢复升降级制度。但当年四川冠城解散，故该年只实行"升二降一"制度。山东鲁能泰山在2006赛季一骑绝尘提前6轮夺冠，重庆力帆则成为中超联赛史上首支降级球队。2007年中超联赛上海申花与上海联城合并，故该年仍是15支球队。2007赛季长春亚泰首度获中超联赛冠军，成为第5支夺得中国足球顶级职业联赛冠军的球队。2008年中超联赛中武汉光谷中途退出，实际只有15支球队参赛，山东鲁能泰山最终获得冠军。2009年中超联赛第一次真正意义上有16支球队参赛。为了与亚冠接轨，中超联赛在引援上制定了"4+1"政策。北京国安最后一轮主场取胜，首夺中国足球顶级职业联赛冠军。2009年11月，中华人民共和国公安部展开中国足坛反赌风暴行动，大范围打击抑制足球发展的赌球行为。由于在中国足坛反赌风暴中被查明曾实施贿赂行为，成都谢菲联和广州医药受到中国足协的处罚，取代原定降级的杭州绿城和重庆力帆，降级至中甲联赛。2010年中超联赛中山东鲁能泰山提前夺冠，连同天津泰达、上海申花和杭州绿城获得2011年亚冠联赛资格，重庆力帆和长沙金德降级。2011年中超联赛的"升班马"

广州恒大提前4轮夺冠，上演"凯泽斯劳滕奇迹"，成为首支升级至中国足球顶级职业联赛后即夺冠的球队，自此开启了中超"七连冠"的伟业，中超联赛开始进入"金元时代"。2012年，在广州恒大的刺激下各队大量投入，单赛季投入超过30亿人民币，引进了德罗巴、阿内尔卡等一众世界级球员。但最终仍是广州恒大成功卫冕，成为中超联赛历史上第一个卫冕成功的冠军。令人惋惜的是，大连实德退出中超联赛，"八冠王"成为历史。由于大连实德的退出，上海申鑫得以以递补身份留在中超联赛。2013年中超联赛广州恒大最终以77分强势夺冠，同年收获中国第一个亚冠冠军。而天津泰达及上海申花却因2003年在甲A联赛时踢假球，做出虚假比赛被中国足协处以扣6分的处罚。2014年中超联赛正式更名为"2014中国平安中国足球协会超级联赛"。2014赛季中国足协超级联赛共有16支球队，分别来自12个省、直辖市。其中上海有绿地申花、申鑫、上港3支球队，是拥有俱乐部最多的省（市）；广东、辽宁各有2个俱乐部参赛。广州恒大最终卫冕。2015年中超联赛的影响力持续扩大。据机构统计，2015年中超联赛在冬季和夏季的引援投入均历史性地排世界第二，仅次于英格兰足球超级联赛，吸引了蒂姆·卡希尔、塔尔德利、阿兰、高拉特、帕帕多普洛斯、罗比尼奥、保利尼奥、吉安、登巴·巴、古德约翰森等大牌球员加盟。广州恒大淘宝实现中超五连霸，并第二次夺得亚冠联赛冠军。2016年中超联赛是80亿时代的中超元年，随着各路富豪纷纷重金加大投入，中超联赛的球市成为人们热议的话题。2017年中超联赛由于出台了U23新规受到广泛关注。最终，广州恒大淘宝获得当赛季中超联赛冠军，实现"七连冠"的伟业；延边富德和辽宁宏运降级。2018年中超联赛，上海上港打破广州恒大淘宝七连冠的垄断，首夺中超联赛冠军。2019年中超联赛，广州恒大淘宝重夺中超联赛冠军，追平大连实德在中国足球顶级职业联赛八冠王的纪录。2019赛季排名第15、16的球队分别是深圳佳兆业与北京人和，它们被降级。但后来由于天津天海宣布退出2020年中超联赛，深圳佳兆业得以以递补身份留下。2020年中超联赛由于受到新型冠状肺炎疫情的影响，首次采用赛会制进行比赛。赛会制分为两个阶段，举办地分别在苏州和大连。

11月12日，江苏苏宁总比分2∶1击败广州恒大，首夺中超联赛冠军。北京中赫国安和上海上港分列第三、四位。保级组方面，石家庄永昌1∶2不敌武汉卓尔，降入2021赛季中甲联赛。在第一阶段，一胜难求的天津泰达和河南建业则实现了"首轮即上岸"。而超甲升降级附加赛中，武汉卓尔两回合3∶2击败浙江能源绿城留在中超联赛。

二、中国职业篮球联赛的发展历程

1895年9月，美国来会理博士（Dr. Lyon）将篮球运动由美国传入中国天津，至今已经有100多年的历史了。我国是篮球运动较早传入的国家之一，因为，其本身就具有有趣、刺激、开展方便等特征，还有比较好的群众基础。在新中国成立之后，篮球运动在我国得到了快速发展，尤其是1994年后，我国的篮球运动进入了职业化的改革、探索和发展阶段。本书主要分两个阶段对我国篮球职业化进程进行概述：第一阶段（1995—2004年）为中国男子篮球甲A联赛；第二阶段（2005年至今）为中国男子篮球职业联赛。

第一阶段：中国男子篮球甲A联赛（1995—2004年）

20世纪90年代初，原国家体委以足球改革为突破口，尝试进行职业化改革，改变原有的体育管理体制和运行机制，使其更加适应市场经济发展的要求。当然，我国篮球运动在国际上的地位也很高。1994年，我国男女篮在世界大赛中均取得骄人的战绩，男子篮球首次进入世锦赛的前八强，女子篮球再次夺得世锦赛的亚军。因此，为了使我国篮球向着更高的层面发展和壮大，1994年底，中国篮球协会对1995赛季的篮球联赛进行了大改革，根据原国家体委积极进行运行机制改革和训练体制的精神，以联赛制度改革为主要突破口，通过国际管理集团投资，将全国男篮甲级联赛的赛制改为跨年度和主客场赛制。由此，中国男子篮球开始了由上而下的职业化进程，同时也诞生了我国篮球史上第一个具有商业性、面向市场、有商业赞助和职业性等特点的联赛。

从1995—1996赛季起至2004—2005赛季，中国男子篮球甲A联赛的发展经历了整整 10 年的时间。这期间，中国篮协为了更好地推进联赛的职业化、市场化进程，始终坚持以联赛改革为主要龙头，不断推出新规则、新举措。不仅如此，为了加强对篮球联赛的管理，中国篮协还专门成立了篮协竞赛领导小组，并提出"立法先行"等口号，不断完善和制定了一系列的规章制度，使整个联赛的各项工作都有法可依，有章可循。《1995—1996赛季全国男篮甲级联赛竞赛规程》《俱乐部篮球队暂行管理条例（讨论稿）》《中国篮球协会运动员转会暂行条例（讨论稿）》《全国篮球竞赛处罚规定》《中国篮球协会裁判员管理办法》和《全国篮球竞赛管理办法》等规章制度的颁布和实施，促进了我国篮球职业联赛的社会化、法制化、产业化发展，有利于中国男子篮球甲A联赛改革的有序、健康、稳步推进。

　　1995—2004 年这 10 年中，尽管中国男子篮球甲A联赛经历了一系列赛制改革、管理体制改革等大的变革，但我们的联赛一直在不断前进和进步。1997—1998 赛季，国家体育总局篮球运动管理中心正式挂牌成立，这是中国篮球的最高管理机构。篮球运动管理中心的成立，改变了以前力量分散、关系不顺、多头管理的情况。这一篮球管理体制的重大变革，形成了在原国家体委的宏观指导下，以篮球运动管理中心为核心，以篮球协会为组织网络的全新管理体制，实现篮球项目管理的系统化、集约化。为进一步加强对篮球联赛的管理力度，1999—2000 赛季，先后成立了联赛纪律委员会、联赛仲裁委员会和联赛管理委员会三个新的委员会。2001—2002 赛季，中国篮协靠自身力量，结束了与国际管理集团的合作关系之后，成功地组织了一个自主包装、自主招商、自主推广的新赛季。从此，中国男子篮球甲A联赛迈出了完全依靠自身实力办联赛的第一步。2002—2003 赛季首次在国内实行公开倒摘牌办法，主要针对临时转会的国内球员，即上个赛季排名最后的球队首先挑选球员，球员转会的时间是一年。2004—2005 赛季是一个承前启后的赛季，中国男子篮球甲A联赛在这个赛季里进行了很大的改革，这也为 2005 年底推出的中国男子职业联赛进行了奠基和探路。这一赛季，中国篮协对联赛的结构、赛制和推广方式等进行了一系列的调整和改革，取消了升降级制度，把参赛队伍分成南区、北区两大赛区，并分别决出南区、北区两大赛区的冠军，最后南北两区冠军争夺联赛的总冠军。经过 10 年的磨炼，中国男子篮球甲 A 联赛向着真正的职业联赛挺进，具备了向职业联赛过渡的基本条件。

第二阶段：中国男子篮球职业联赛（2005 年至今）

中国男子篮球甲 A 联赛本着"国际化、专业化、规范化"的宗旨，经过 10 年的艰苦磨砺，以提高篮球联赛的质量和效益为目标，在 2005—2006 赛季，中国篮协正式将中国男子篮球甲 A 联赛改名为"中国男子篮球职业联赛"（CBA）。该赛季历时 5 个月，激战 332 场，众多中游球队的实力得到很大提升，与联赛"领头羊"之间的差距也开始慢慢缩小，在常规赛末期，各个球队在胜率上的争夺更是激烈。CBA 中中游球队的崛起，使整个联赛的竞争更加激烈，也使得冠军的归属更有悬念，联赛的观赏性也有了很大程度的提高。2006—2007 赛季最后终结了广东三连冠的局面。2007—2008 赛季打得更为激烈，与以往一边倒的情况大有不同，整个联赛精彩纷呈，各队对抗激烈，比赛结果充满悬念。在 2008—2009 赛季，参赛队伍也由原来的 16 支增加到了 18 支，是历史上球队数量最多的一个赛季，每支球队的常规赛场次都增加到了 50 场，整个赛程历时 6 个月，也是 CBA 成立以来竞技水平和比赛质量最高的一个赛季。该赛季为了打造精彩纷呈的高水平职业联赛，篮管中心和运营方推出了一系列的新举措，包括恢复南北分区制、引进亚洲球员、放宽外援政策等，CBA 的观赏性和各比赛的悬念进一步得到增强。2009—2010 赛季，CBA 进入第 15 个年头。15 年来，CBA 在商业价值、竞技水平、社会影响力及观赏性等方面都取得了很大的进步，可以说已经成为国内最好的职业联赛之一。该赛季常规赛取消了南北分区制，并实行各队主客场循环制，比赛由原来 1 周 3 赛改为 1 周 3 赛和 2 周 5 赛相结合，并对球员实行限薪制，实行双外援 4 节 6 人次。2011—2012 赛季，CBA 所有 17 支球队的总投入达到 6.45 亿人民币，平均每支球队的投入达到 3800 万元。篮管中心公布的数据显示，2006—2007 赛季，CBA 各俱乐部的总投入只有 1 个多亿。在短短几年时间理，CBA 的投入就已经翻了数倍。CBA 逐步走向成熟和理性发展的阶段。2012—2013

赛季，广东宏远追平八一男篮，成为CBA历史上的第2个"八冠王"。2013—2014赛季，四川金强根据2013年7月19日中国篮协公布的NBL俱乐部申请参加CBA的相关文件要求，获得当年CBA的参赛权，CBA时隔五年后恢复了18支球队的规模。2014—2015赛季，江苏同曦队和重庆翔龙队通过投票确认加入CBA，至此，CBA职业联赛球队数量由18支增加到20支。2015—2016、2016—2017、2017—2018三个赛季CBA职业联赛连续产生三个新科冠军，分别由四川、新疆、辽宁获得。2018—2019赛季，广东男篮在总决赛击败新疆，超越八一男篮，实现中国篮球顶级职业联赛"九冠王"的伟业。2019—2020赛季受到新型冠状肺炎疫情的影响，CBA被迫中断。2020年6月20日恢复比赛，比赛以赛会制方式分别在山东青岛和广东东莞两个赛区展开，赛制较以往有了较大的调整。最终，广东击败辽宁获得冠军。但赛季结束后，中国篮协收到中央军委训练管理部军事体育训练中心的来函，"八冠王"八一男篮今后不再参加CBA。

第三章　竞争实力均衡的测度标准和制度安排

第一节　竞争实力均衡的测度标准

如果无法实证地测度竞争实力均衡的程度，也就无法判断职业体育的竞争实力是否均衡，也就无法运用相应的政策，同时，相应政策的实施也无法得到实证的检验（比如对收入分享制度或限制球员交易等限制协议的合法性的评判）。许多体育经济学家试图通过多种方法来解决竞争实力均衡的测度问题，但是"即便是在2俱乐部模型中，职业体育竞争实力均衡的测度也是相当困难的"（Michie & Oughton，2004）。

一、胜率或积分率

许多测度竞争实力均衡的方法都是基于某一支球队在某一段时间内的胜率进行计算的，因此，需要准确地定义胜率。胜率（winning percentage，常被缩写为WPCT），指某一球队在一段时期内获得胜利的比赛场次占所有比赛场次的比例。通常在美国的职业体育联盟中，比赛是必须要分出胜负的，比如棒球、篮球以及橄榄球等；而在欧洲，职业足球比赛中常常会出现平局，因此，在计算足球联赛中的胜率时，人们通常将平局视为双方各获得0.5场胜利。这种计算胜率的结果和将胜利记为2分、平局记为1分、失败记为0分的计算方法获得的结果是一样的。然而在欧洲，20世纪90年代开始的职业足球积分变革使得获胜一方能够获得3分积分，从而使得按照胜率计算出的竞争实力均衡的结果和按照积分计算出的竞争实力均衡的结果产生了偏差，因此，需要进行调整。在计算胜率（积分率）的基础上，测量联盟内各球队胜率的离散程度是一种常见的测量竞争实力均衡的方法。Scully（1989）、Fort 和 Quirk（1995）等研究者在研究中使用了这类方法来分析职业体育联盟中的竞争实力均衡状况。单赛季胜率的标准差的计算方法如下所示：

$$\sigma_i = \sqrt{\frac{\sum_{i=1}^{n}(winperc_i - averagewin)^2}{n}}\ ; n = 联赛中球队数目$$

它的结果能够反映联赛中各支球队的胜率相对平均胜率是如何分布的。结果越大，说明该联赛的竞争实力均衡情况越差，反之则说明竞争实力均衡情况愈佳。从其计算方式可以看出，越是与平均胜率差距大的球队，其的影响越是能够在计算过程中得到反映，这也符合人们考察的需要。

二、获胜百分比的标准差

一个广为接受的衡量单个赛季竞争实力均衡的方法是计算获胜百分比的标准差（WPCT）（Quirk & Fort，1992；Scully，1989；Quirk & Fort，1997）。考虑 T 赛季联盟有 N 支球队，$WPCT_{i,t}$ 指的是在 T 赛季 i 球队的获胜百分比，则这个联盟的获胜百分比标准差（σ_L）为：

$$\sigma_L = \sqrt{\frac{\sum_{i=1}^{N}\sum_{t=1}^{T}(WPCT_{i,t} - 0.500)^2}{NT}}$$

竞争实力均衡的联盟理想的获胜百分比标准差为：

$$\sigma_I = \frac{0.500}{\sqrt{G}}$$

G 为联赛中球队的比赛总场数。那么，这个联盟的竞争实力均衡为：

$$\sigma = \frac{\sigma_L}{\sigma_I}$$

理想的 σ 值为 1，表明联盟竞争实力均衡；而当 σ 偏离 1 越大时，联盟的竞争实力均衡性就越差，俱乐部之间的竞争实力差距就越大。

三、获胜百分比标准差比率

Humphreys（2002）为修正 σ 测算方法无法衡量多个赛季俱乐部的变动情况，构建了一个获胜百分比标准差比率（CBR）：

$$CBR = \frac{\overline{\sigma_T}}{\overline{\sigma_N}}$$

$$\overline{\sigma_T} = \frac{\sum_i \sigma_{T,i}}{N}$$

$$\sigma_{T,i} = \sqrt{\frac{\sum_t (WPCT_{i,t} - \overline{WPCT_i})^2}{T}}$$

$$\overline{\sigma_N} = \frac{\sum_t \sigma_{N,t}}{T}$$

$$\sigma_{N,t} = \sqrt{\frac{\sum_t (WPCT_{i,t} - 0.500)^2}{N}}$$

CBR 值介于 0 和 1 之间，值越高，表示竞争实力越均衡，反之亦然。当每个赛季参加比赛的球队数量一样时，$\overline{\sigma_N}$ 和 σ_I 相等，这就使得 CBR 与 σ_I 成反向相关。显然，CBR 既保持了 σ_I 直观、可操作的特性，又揭示了不同赛季球队的排名和变化情况；而且由于 CBR 不用考虑比赛场数 G 的影响，当球队比赛场数发生变化时，CBR 依然适用。[①]

四、集中度

Michie 和 Oughton（2004）运用集中度衡量竞争实力均衡：

$$C5Ration = \frac{排名前5位的俱乐部的总得分}{所有俱乐部的总得分}$$

在标准产业中，当企业数量或者企业的市场份额没有任何限制时，这个

---

① 篮球、棒球等运动项目往往采用获胜百分比进行排名，而足球等运动项目则通常采用计分制进行排名，而且在比赛中经常会出现平局。因此，在运用获胜百分比标准差衡量计分项目的竞争实力均衡时，经常把平局视为获胜一半。

数值介于 0 和 1 之间，前者表示无数个企业处于完全竞争状态，后者则表示一种完全垄断状态。但在足球比赛中，由于俱乐部的数量固定，且在得分计算方法给定的前提之下，排名前 5 位的俱乐部也不可能获得所有积分。因此，这个数值介于 $5/N$（N 为俱乐部的数量）与 $M/(M+T)$（M 为 5 个俱乐部可能得到的最高总分，T 为其他俱乐部可能得到的绝对最小分值）之间。因此，对于拥有 20 支球队的联盟而言，这个比值介于 0.25 和 0.55 之间，[1]前者表示俱乐部的竞争实力均衡，后者表现俱乐部处于完全非均衡状态。

五、洛伦茨曲线和基尼系数

Schmidt 和 Berri（2001）的研究指出，职业体育获胜百分比的分布类似于收入分布，因此，基尼系数这个研究收入不平衡的方法可以用来演绎职业体育的竞争实力均衡情况。基尼系数介于 0 和 1 之间，0 代表着完全公平，1 代表着完全不公平。在职业体育中，0 则代表着每个球队能够获得 50% 的胜率这个唯一状态，也就是说，俱乐部的获胜百分比是均匀分布的，基尼系数越高，则说明俱乐部之间的竞争实力差距越大，竞争实力越不均衡。

具体的计算如下：

$$G_i = (1 + \frac{1}{N_i}) - \frac{2}{N_i^2 \mu_{xi}} (x_{N,i} + 2x_{N-1,i} + 3x_{N-2,i} + \cdots + Nx_{1,i})[2]$$

六、赫芬达尔—赫希曼指数

为了衡量职业体育的竞争实力均衡，学者们借用了产业经济学中广泛使用的赫芬达尔—赫希曼指数（HHI），它通过计算某行业内所有企业的市场份额的平方和来衡量市场结构。对于一般产业而言，要获得具体的生产数据是一件非常困难的事情，而在职业体育中，产出可以用获胜百分比或得分来衡量，而且这个数据非常容易获得。比如 Depken（1999）将 HHI 界定为：

---

① 采纳 3 分制的积分计算方法时，实行主客场赛制的 20 支俱乐部的联盟，它的 M=510(排名前 5 位的俱乐部在与所有排名低的俱乐部的比赛中均获胜)，T=510(其他俱乐部都打成平局)。

② N 为球队数量；x_N 为球队 N 的获胜百分比；i 为赛季；每个球队按照获胜百分比排列：$x_N \geqslant x_{N-1} \geqslant \cdots \geqslant x_1$。

$$HHI = \sum_{i=1}^{N} \left[\frac{2\,Wins_i}{NG} \right]^2 \text{①}$$

当每个球队在联赛中能够获得一半的胜率时，亦即$(N-1)/2$时（假设每个球队相互对抗一次），则$HHI = \dfrac{0.5(N-1)}{0.5N(N-1)} = 1/N$，此时，联盟的竞争实力最均衡。当$HHI$等于1时，联盟处于最不均衡状态。由于$HHI$是个指数，随着联盟内球队数量的变化，$HHI$下限值会发生变化，因此，Depken（1999）构建了$dHHI$（剔除球队数量变化的HHI）：

$$dHHI = HHI - \frac{1}{N}$$

Owen等（2005）进一步修正了Depken（1999）的衡量方法，他们认为尽管Depken认识到球队数量的变化会影响HHI下限值的大小，球队数量的变化实际上也同样会影响HHI上限值，因此，通过修正，他们给出了联盟处于完全不均衡状态的HHI上限值和$dHHI$上限值：

$$HHI_{ub} = 2(2N-1)/[3N(N-1)]$$
$$dHHI_{ub} = (N+1)/[3N(N-1)]$$

七、意外指数

Groot J.和Groot G.（2003）最早使用了意外指数。该指数是P（实际意外值）与M（最大意外值）的比值，其中最大意外值是当所有球队处于绝对均衡状态时取得的：

$$S = \frac{P}{M} = \frac{1}{M} \sum_{i=1}^{N-1} \sum_{j=i+1}^{N} (R_{ij} + R_{ji})(j-i)$$
$$M = 2 \sum_{i=1}^{N-1} (N-i)i = (N-1)N(N+1)/3$$

其中，$(j-i)$表示两者排名之差，i和j是两支球队赛季末的排名，并且$i < j$，代表排名i的球队在主场与排名j的球队的比赛结果。根据比赛结果以及主客场

---

① $Wins_i$表示i球队的获胜量；N表示联盟内球队数量；$G_i = G$表示在给定赛季中每个球队相同的比赛场数。

情况，R 有不同的取值。意外指数的取值范围介于 0 和 1 之间。当冠军球队一直赢球时，意外指数为 0，同理，当排名第二的球队在除了与第一名球队的比赛中都获得了胜利的时候，意外指数也为 0，对于任何一个联赛来说，当联赛排名靠前的球队击败联赛排名靠后的球队时，该值都为 0。

在与体育经济学教授 Stefan Szymanski（史蒂芬·西曼斯基）讨论后，本书对意外指数的计算方法进行了如下简化：

$$S = \frac{P}{M} = \frac{1}{M} \sum_{i=1}^{N-1} \sum_{j=i+1}^{N} (R_{ij} + R_{ji})$$

其中，M 为单赛季所有比赛场次，依然代表排名 i 的球队在主场与排名 j 的球队的比赛结果，其取值情况如下（所有情况下 $i < j$）：

$R = 0$，当排名 i 的球队在主场战胜排名 j 的球队；

$R = 1$，当排名 i 的球队在主场打平或负于排名 j 的球队；

$R = 0$，当排名 j 的球队在主场打平或负于排名 i 的球队；

$R = 1$，当排名 j 的球队在主场战胜排名 i 的球队。

这一简化依然基于 Groot J. 和 Groot G.（2003）的思想，他们认为排名较靠前的球队在主场打平或负于排名较后的球队，以及在客场负于排名较后的球队，都属于"意外情况"，考察单赛季所有比赛中的意外比赛所占比例，可描述某一联赛的竞争实力均衡情况。

八、冠军不确定性

对冠军不确定性的考察旨在分析一定时期内联赛球队对冠军的争夺情况。Rottenberg（1956）最早指出，运动员分布可以直接通过各队所获得的冠军次数来考察。他发现1920—1951年，纽约扬基队赢得了18次冠军，而圣路易斯红雀队赢得了9次冠军，于是他认为在 MLB 中存在着显著的竞争不均衡现象。Rottenberg 认为理想的竞争实力均衡状态是，联盟中的每支球队在一段较长的时期内，赢得比赛和冠军的数目相同。Goossens（2005）认为，在欧洲，顶级联赛的球队在不停变化，每年都有球队升降级，如果用这样的方法测度竞争实力均衡显然不够准确，但这也不失为一种快速和简单地考察哪些球队赢得了更多比赛的方法。

此外，在考察冠军不确定性时，考察排名前 k 名球队的方法可以作为前一种方法的补充。该方法通过计算在某一时段之内排名位于联赛前 k 位的球队的数目来反映联赛的竞争实力均衡状况。Goossens（2005）在研究中使用了这种方法，他发现在1990—1999年，意大利足球甲级联赛中共有10支球队排名前3，而1980—1989年则只有8支。进入前 k 名球队的数目变化可以很好地反应联赛中顶级球队的竞争状况。

第二节 竞争实力均衡与联盟制度安排

一、基准模型

第一，联盟制定保护联赛良好声誉的规章制度，以及执行球员、教练员、管理人员的行为宝典，设计提高球员技能和能力的发展方案，改善观众设施和场馆设计，完善比赛规则，以提高比赛绝对质量和赛事对公众的吸引力。

第二，设计保留条款制度、倒摘牌新秀选拔机制，应用工资帽和俱乐部工资封顶等制度安排以实现联盟俱乐部之间的竞争实力均衡。

第三，设计联赛整体营销理念。联盟负责联赛无形资产的整体开发、运营和管理，向特许产商出售品牌和标志，向赞助商出售广告和促销空间，实行电视转播权的集中销售，促使联盟和俱乐部收益的最大化。

第四，与媒体组织、场馆业主和明星球员签订长期合约以阻止竞争联盟的成立；通过升降级或特许制度限定联盟的规模，设置联盟准入门槛和退出壁垒，提高联盟和俱乐部与城市及球迷之间的要价权。

综上这些制度安排，除了第一条是为了维持联赛的正常运营，是每个联盟必备的外，其他三方面的制度安排，都在一定程度上蕴含着限制竞争的市场行为，概述起来主要表现在三个方面：一是在投入市场方面，体现在球员的选择标准、球员转会以及球员的薪水规定方面；二是在产品市场方面，主要是各种收入分享制度；三是在准入制度方面，主要有俱乐部主场经营垄断权和联盟升降级制度。显而易见，联盟这些限制竞争的制度安排必然会引致包括球员、球队，甚至是竞争联盟在内的相关利益主体的反垄断挑战，而联盟每当遭遇到这样的挑战时，往往宣称这些制度安排的实质在于营造一个公平的、竞争实力均衡的联赛氛围，这是一种公共政策安排，是有利于社会福利的制度安排，而不是限制竞争的垄断行为。法庭在判罚的过程中，也因为职业体育联盟要促进联赛竞争实力均衡的生产特性而很难做出一致性判定。因此，木章我们的任务就在于通过构建2俱乐部模型，揭示联盟制度安排的本质。

为了简便和不失一般性，我们假设联盟拥有2个俱乐部，i和j是2个俱乐部，假设它们都最大化预期利润，[①]i俱乐部位于市场规模较大的城市，j俱乐部位于市场规模较小的城市，有$m_i > m_j$，每个俱乐部均拥有1支职业球队。[②]由于我们的研究立足点置于联盟层面，认为处于不同战术位置、不同技能水平的运动员无差异，俱乐部仅仅通过优秀球员的雇佣数量来改变其竞争实力。同样，尽管俱乐部的获胜取决于其的有效管理、教练员高超的战术训练和现场指导以及球员的高水平技艺，但为了更一般地揭示联盟制度安排的运行机理，本书遵照已有文献，假设俱乐部获胜仅仅取决于球队所雇佣的球员数量，而并未考察俱乐部的管理以及教练员的水平。

因此，将i俱乐部的获胜概率表示为$w_i(t_i)$，与球队优秀球员的投入t_i密切相关，由于联盟内只有两支俱乐部，则获胜百分比加总等于1，我们可得约

---

① 在对北美职业体育联盟的研究中，俱乐部利润最大化是常见的假设前提(Noll, 1974; Scully, 1989; Quirk & Fort, 1995)；但在欧洲职业体育联盟的研究中，俱乐部效用最大化则是学者们依托的前提(Sloane, 1971)，并进而用获胜最大化作为其效用最大化的操作变量(Kesenne, 1996, 2000)。本书主要采纳俱乐部利润最大化的假设，一方面是鉴于简化处理的原则；另一方面，随着职业体育的全球化和商业化发展，越来越多的顶级联盟俱乐部体现了利润最大化的目标倾向，故在此仍延续北美学者的惯用做法，将俱乐部的目标取向视为利润最大化。

② 在这里仅考虑顶级联盟中的球队。

束条件：$w_j = 1 - w_i$，两个俱乐部的获胜概率可表示为[①]：

$$w_i(t_i) = \frac{t_i}{t_i + t_j} \ (i, j = 1, 2; i \neq j; i + j = T) \tag{1}$$

（一）球员供给

对于不同的联盟管理模式，球员的供给存在一定的差异性，对于许多北美职业体育联盟，球员的总供给是个固定值，我们称之为球员供给固定。换句话说，i俱乐部多雇佣一名球员，就意味着j俱乐部少雇佣一名球员。因此，在球员供给固定的联盟中，俱乐部之间拥有的球员数量关系可表示为：

$$\frac{\partial t_j}{\partial t_i} = -1$$

i俱乐部球员的边际产出为：

$$MW_i = \frac{\partial w_i}{\partial t_i} = \frac{1}{t_i + t_j} \tag{2}$$

而在大西洋对岸的欧洲，尤其是1995年博斯曼法案颁布之后，优秀球员的流动使得职业体育球队的球员国籍和肤色多种多样，球队雇佣一个额外的优秀球员并不意味着它的对手会降低竞争实力，反而可能激励它的对手也积极引进优秀的球员，从而提高联赛的质量。我们将这样的球员供给视为弹性的，球员的总供给不是个固定值。因此，在球员供给弹性的联盟中，俱乐部之间拥有的球员数量关系可表示为：

$$\frac{\partial t_j}{\partial t_i} = 0$$

i俱乐部球员的边际产出为：

$$MW_i = \frac{\partial w_i}{\partial t_i} = \frac{t_j}{(t_i + t_j)^2} \tag{3}$$

（二）赛事的数量和质量

对职业体育而言，每个俱乐部参加多少场赛事，由联盟事先确定。比如2010年NBA有30支俱乐部，分别隶属于东部联盟和西部联盟，东部联盟包括

---

① 这个研究假设最早由Tullock(1980)提出和构建，随后被学者们普遍接纳。

大西洋赛区（凯尔特人、猛龙、尼克斯、76人、篮网）、东南赛区（魔术、老鹰、热火、山猫、奇才）、中部赛区（骑士、雄鹿、公牛、步行者、活塞）；西部联盟包括太平洋赛区（湖人、太阳、快船、勇士、国王）、西南赛区（小牛、马刺、火箭、灰熊、黄蜂）、西北赛区（爵士、掘金、开拓者、雷霆、森林狼），这些俱乐部每年要参加常规赛82场。具体安排是：同一联盟且同一赛区的球队之间进行2主场、2客场共4场比赛；不同联盟间的球队之间进行1主场、1客场共2场比赛；同一联盟不同赛区的两支球队间进行2～3场比赛，比赛数目各队不同，但可保证各队参加常规赛的总场数是82场。因此，和一般企业不同，作为职业体育最基本的生产单位，俱乐部无法自主决定产量。但每个俱乐部可以决定自己的产出质量，亦即比赛的质量。

Quirk 和 El-Hodiri（1971）指出，假如联盟内俱乐部的获胜概率为 $w=1$，则比赛的门票收入会大幅度下跌，而当俱乐部的获胜概率 $w \geqslant 0.5$ 时，其获胜概率与门票收入呈正向关系，但当获胜概率超过某个阈值时，门票收入与获胜概率则呈反向关系。这蕴含了两层含义：第一，职业比赛存在主场效应。已有的研究显示（Carmichael et al., 2005），MLB 球队的主场获胜概率为53.5%，NFL 的主场获胜概率为57.3%，曲棍球为61.1%，篮球为64.4%，足球为69%。[1]第二，当主场球队获胜概率达到一定程度之后，消费者更偏好于竞争实力均衡的比赛。

由此可见，比赛的质量可由两个因素来决定：球队的获胜百分比和竞争实力均衡情况。依据 Hoehn 和 Szymanski（1999）、Dietl 和 Lang（2008）、Vrooman（2009）的研究，采用 $w_i w_j$ 来表示竞争实力均衡，比赛质量 q_i 可表示为：

$$q_i(w_i, w_j) = \mu w_i + (1 - \mu) w_i w_j \tag{4}$$

$\mu \in [0, 1]$ 代表球迷偏好"主场球队获胜"或"两队竞争实力均衡"质量函数

---

[1] 产生主场效应的因素主要归于四个方面：(1)场地因素：主客队对场地设施的学习和熟悉程度。(2)旅行因素：旅途中的奔波容易造成运动员的疲劳，从而影响比赛的成绩。(3)规则因素：比如棒球和垒球中通常允许主场球队拥有"最后一击"。(4)球迷偏好：对于那些忠诚主队的体育迷而言，主场球队获胜是其主要的观赏动机。

的一个权衡指标。当 $\mu = 1$ 时，意味着球迷偏好主场获胜；当 $\mu = 0$ 时，意味着球迷偏好竞争实力均衡的比赛；当 $\mu \geqslant \dfrac{1}{2}$ 时，对于 $w_i \in [0,1]$，有赛事质量随着主场获胜百分比的增加而减少的特性；而当 $\mu < \dfrac{1}{2}$ 时，对于 $w_i < \dfrac{1}{2(1-\mu)} \leqslant 1$，有赛事质量随着获胜百分比的增加而增加的特性（Dietl & Lang，2008）。

（三）比赛需求函数

基于 Falconieri 和 Palomino（2004）、Dietl 和 Lang（2008）的分析，我们将每个观看职业体育赛事的球迷 k 的净效用表示为：$\max(x_k q_i - p_i, 0)$，p_i 是球迷 k 为观看职业体育比赛而支付的价格，x_k 衡量的是球迷对球赛的偏好程度，因此，$x_k q_i$ 显示的就是球迷 k 为观看此场比赛的保留价格。为了简便，将球迷类型平均分配在 $[0,1]$ 区间，也就是说，潜在的球迷总数为 1。假如 $x_k = \dfrac{p_i}{q_i}$，球迷的净效用等于 0，因此，在 p_i 水平上，购买门票去观看比赛的球迷可以通过 $1 - x_k = \dfrac{q_i - p_i}{q_i}$ 推导。而每个俱乐部的需求都在一定程度上受所在城市的市场规模或潜在的吸引力所影响，用 m_i 表示。俱乐部的总需求函数可以表示为：

$$d_i(m_i, p_i, q_i) = m_i(1 - x_k) = m_i\left(1 - \frac{p_i}{q_i}\right) \tag{5}$$

（四）利润函数

赛事质量 q_i 与需求 $d_i(m_i, p_i, q_i)$ 具有正向但边际效应递减规律，亦即 $\dfrac{\partial d_i}{\partial q_i} > 0, \dfrac{\partial^2 d_i}{\partial^2 q_i} < 0$。市场规模 m_i 与需求 $d_i(m_i, p_i, q_i)$ 具有正向效应，即 $\dfrac{\partial d_i}{\partial m_i} > 0$，对于给定的 q_i、p_i、m_i 越大，俱乐部的总需求 $d_i(m_i, p_i, q_i)$ 就越大。将 q_i 的价格定位于 $p_i^* = \dfrac{q_i}{2}$ 时，俱乐部的收益 R_i 达到最大，因此，俱乐部的门

票收益为:

$$R_i = p_i d_i(m_i, p_i, q_i) = p_i m_i \left(1 - \frac{p_i}{q_i}\right) = \frac{m_i}{4} q_i = \frac{m_i}{4}\left(w_i - (1-\mu)w_i^2\right)$$

假设 $\mu = 0.5$,则上式可转变为:

$$R_i = p_i d_i(m_i, p_i, q_i) = p_i m_i \left(1 - \frac{p_i}{q_i}\right) = \frac{m_i}{4} q_i = \frac{m_i}{4}\left(w_i - 0.5w_i^2\right) \quad (6)$$

俱乐部的成本主要取决于两个方面:劳动力成本和非劳动力成本。通常情况下,非劳动力成本视为固定成本(C_i^0),劳动力成本主要考虑球员的单位成本(C^*),由于劳动力成本是俱乐部的主要成本,故为了简化处理,非劳动力成本视为常数,联盟内俱乐部雇佣球员的成本是相同的,则俱乐部成本函数可表示为:

$$C_i = C^* t_i + C_0 \quad (7)$$

因此,i 俱乐部的预期利润函数为:

$$\pi_i = R_i - C_i = \frac{m_i}{4}\left(w_i - 0.5w_i^2\right) - C^* t_i - C_0 \quad (8)$$

j 俱乐部的预期利润函数为:

$$\pi_j = R_j - C_j = \frac{m_j}{4}\left(w_j - 0.5w_j^2\right) - C^* t_j - C_0 \quad (9)$$

俱乐部分别雇佣球员以最大化自己的利润,上述两式的一阶条件分别为:

$$\frac{\partial \pi_i}{\partial t_i} = \frac{\partial R_i}{\partial w_i} \frac{\partial w_i}{\partial t_i} - C^* = \frac{m_i}{4}\left(\frac{\partial w_i}{\partial t_i} - w_i \frac{\partial w_i}{\partial t_i}\right) - C^* = 0$$

$$\frac{\partial \pi_j}{\partial t_j} = \frac{\partial R_j}{\partial w_j} \frac{\partial w_j}{\partial t_j} - C^* = \frac{m_j}{4}\left(\frac{\partial w_j}{\partial t_j} - w_j \frac{\partial w_j}{\partial t_j}\right) - C^* = 0$$

$$(10)$$

一阶条件意味着俱乐部的边际收益产出等于球员的工资率。

考虑两种不同的球员供给模式,可以得到相应的球员分布均衡最优解。

1.球员供给固定模式时的球员分布

将(2)式代入(10)式,可得两俱乐部竞争实力均衡状态下的球员分布最优解:

$$t_i^* = \frac{m_i^2 m_j}{4C^*(m_i + m_j)^2} \qquad t_j^* = \frac{m_i m_j^2}{4C^*(m_i + m_j)^2}$$

其中：$\dfrac{t_i^*}{t_j^*} = \dfrac{m_i}{m_j}$。 （11）

将（11）式代入（1）式，可得：

$$w_i = \frac{m_i}{m_i + m_j} \qquad\qquad w_j = \frac{m_j}{m_i + m_j} \qquad (12)$$

根据上述讨论，可以得出以下命题。

命题1：

（1）在球员自由流动、球员供给固定的联盟中，球员分布均衡的解为

$(\dfrac{m_i^2 m_j}{4C^*(m_i + m_j)^2}, \dfrac{m_i m_j^2}{4C^*(m_i + m_j)^2})$，其中 $\dfrac{t_i^*}{t_j^*} = \dfrac{m_i}{m_j}$；

（2）俱乐部对球员的投资主要与俱乐部的市场规模、球员雇佣成本有关；

（3）俱乐部的获胜概率与俱乐部的市场规模有关，两个俱乐部的市场规模相差越大，则俱乐部之间的获胜概率差异就越大，俱乐部的竞争实力就越不均衡。

2.球员供给弹性模式时的球员分布

将（3）代入（10）式，可求解得：

$$t_i^* = \frac{(\sqrt{m_i})^3 m_j}{4C^*(\sqrt{m_i} + \sqrt{m_j})^3} \qquad\qquad t_j^* = \frac{(\sqrt{m_j})^3 m_i}{4C^*(\sqrt{m_i} + \sqrt{m_j})^3}$$

其中：$\dfrac{t_i^*}{t_j^*} = \sqrt{\dfrac{m_i}{m_j}}$。 （13）

将（12）式代入（1）式，可得：

$$w_i = \frac{\sqrt{m_i}}{\sqrt{m_i} + \sqrt{m_j}} \qquad\qquad w_j = \frac{\sqrt{m_j}}{\sqrt{m_i} + \sqrt{m_j}}$$

依据上述讨论，可以得出以下命题。

命题2：

（1）在球员自由流动、球员供给弹性的联盟中，球员分布均衡的解为：

$(\dfrac{(\sqrt{m_i})^3 m_j}{4C^*(\sqrt{m_i} + \sqrt{m_j})^3}, \dfrac{(\sqrt{m_j})^3 m_i}{4C^*(\sqrt{m_i} + \sqrt{m_j})^3})$，其中 $\dfrac{t_i^*}{t_j^*} = \sqrt{\dfrac{m_i}{m_j}}$；

（2）俱乐部对球员的投资主要与俱乐部所处的市场规模、球员雇佣成本有关；

（3）俱乐部的获胜概率与俱乐部的市场规模有关，两个俱乐部的市场规模相差越大，则俱乐部之间的获胜概率差异就越大，俱乐部的竞争实力就越不均衡；

（4）在其他条件相同的情况下，球员供给弹性的联盟的竞争实力均衡情况要优于球员供给固定的联盟。

命题1和命题2将作为后续研究的基准，通过与基准模型的比较揭示了联盟制度安排对俱乐部竞争实力均衡的影响程度。综合命题1和命题2可知，在球员完全自由流动的情况下，无论球员供给是非弹性还是弹性，球员的分布主要与俱乐部的市场规模有关。从理论上讲，位于两个市场规模相当的俱乐部，其吸引球员的潜力是相当的，则球员的分布是最均衡的，而随着两个俱乐部市场规模的扩大，俱乐部之间球员分布就越不均衡，俱乐部竞争实力就越不均衡。

二、保留条款制度

1879年9月29日，在纽约布法罗召开的一个秘密会议中，美国国家棒球联盟业通过了一个协议，那就是从1880年赛季开始，允许每个球队保留5名球员，规定任何俱乐部不得和其他球队的保留球员签订合约，同时也对试图离开联盟的保留球员设置门槛，规定联盟内俱乐部不得与联盟外雇佣该保留球员的俱乐部举行任何形式的比赛，包括表演赛，这就使得球员不可能轻易离开签约的俱乐部。当国家棒球联盟和美国棒球联盟在1883年结束彼此之间的斗争，而达成第一份国家协议之时，它们同意每个球队可以保留11名球员，1886年，上升为12名球员，1887年为14名球员，到1889年，扩展到了整个球队，每一份球员合约后都附有这样一个条款：

如果在3月1日之前……球员和俱乐部未曾就下一个赛季合同的条款达成

一致，那么在3月1日后的第10天之前，除了可支付给球员的额度应该满足要求之外，俱乐部应该有权以相同条款续签此合同一年。

　　刚开始的时候，球员并没有对这个条款提出任何异议，反而为能成为俱乐部保留名单上的一员而感到无比的骄傲和自豪。但实际上，球员一旦和一个俱乐部签约后，只要俱乐部愿意，它就可以无限期地留住该球员，球员无权出售自己的服务。联盟认为，假如没有保留条款制度，富有的俱乐部往往倾向雇佣更多的球员来增加赛场上获胜的比例，而弱小的俱乐部则可能通过出售球员来维持自己的生存，如果不对这样的行为加以约束，那就极可能导致俱乐部之间的竞争实力差距日益扩大，从而危害整个联盟，并最终殃及每个俱乐部。因此，联盟认为有必要采取保留条款制度，使得这种外部性可以内部化。

　　从1880年推行，到1976年美国法庭判定保留条款制度是违法行为，这个制度安排存活了将近100年，但即便是在实行了自由转会制度之后，保留条款制度的一些标准和思想仍得到延续，比如在棒球联盟中，球员需要在一支球队服务6年之后才能成为自由人。此外，这种类似保留条款制度的思想存在于世界各个职业体育联盟。比如博斯曼法案颁布前的欧洲职业体育联盟，当球员合约到期之后，和该球员签约的下一个俱乐部需要支付一定数额的转会费给上一个俱乐部，这样才能够获得该球员的服务。由此可见，在职业体育联盟中，投入市场的限制行为是个普遍存在的问题，本节将保留条款制度置于不同球员供给模式中综合考虑，从而能够对投入市场的限制行为获得一般意义上的理解。

　　（一）保留条款制度均衡分析

　　按照俱乐部所有者和联盟管理者的观点，实施保留条款制度的目的是限制富有的球队过度雇佣优秀球员，实现俱乐部之间的竞争实力均衡。为此，我们构建一个2期模型，在第1期，俱乐部、球员双向自由选择，i和j俱乐部分别拥有球员t_i和t_j位；到第2期，由于联盟实施保留条款制度，俱乐部可以保留一定比例的球员，假设每个俱乐部可以保留 φ 比例的球员，为了简化和更一般地揭示保留条款制度的含义，假设其他非保留球员完全转会到另外一个俱乐部，则第2期时 i 和 j 俱乐部拥有的球员数分别为 $t_i^{'}$ 和 $t_j^{'}$:

$$t_i^{'} = \varphi t_i + (1-\varphi)t_j \qquad\qquad t_j^{'} = \varphi t_j + (1-\varphi)t_i \qquad (14)$$

$$\frac{\partial t_j^{'}}{\partial t_i} = \varphi \frac{\partial t_j}{\partial t_i} + (1-\varphi) \qquad (15)$$

考虑第1期球员供给固定，有 $\dfrac{\partial t_j}{\partial t_i} = -1$，将其带入（15）式，可得：

$$\frac{\partial t_j^{'}}{\partial t_i} = \varphi \frac{\partial t_j}{\partial t_i} + (1-\varphi) = 1 - 2\varphi$$

$$\frac{\partial t_i^{'}}{\partial t_i} = \varphi + (1-\varphi)\frac{\partial t_j}{\partial t_i} = 2\varphi - 1$$

则有

$$\frac{\partial t_j^{'}}{\partial t_i^{'}} = \frac{\partial t_i^{'}}{\partial t_j^{'}} = -1 \qquad (16)$$

考虑第1期球员供给弹性，有 $\dfrac{\partial t_j}{\partial t_i} = 0$，将其带入（15）式，可得：

$$\frac{\partial t_j^{'}}{\partial t_i} = \varphi \frac{\partial t_j}{\partial t_i} + (1-\varphi) = 1 - \varphi$$

$$\frac{\partial t_i^{'}}{\partial t_i} = \varphi + (1-\varphi)\frac{\partial t_j}{\partial t_i} = \varphi$$

则有

$$\frac{\partial t_j^{'}}{\partial t_i^{'}} = \frac{1-\varphi}{\varphi}; \ \frac{\partial t_i^{'}}{\partial t_j^{'}} = \frac{\varphi}{1-\varphi} \qquad (17)$$

第2期俱乐部的获胜百分比仍然为：

$$w_i^{'} = \frac{t_i^{'}}{t_i^{'} + t_j^{'}} \qquad\qquad w_j^{'} = \frac{t_j^{'}}{t_i^{'} + t_j^{'}} \qquad (18)$$

考虑第1期球员供给固定的情况，将（16）式代入（18）式，有：

$$\frac{\partial w_i^{'}}{\partial t_i^{'}} = \frac{(t_i^{'} + t_j^{'}) - t_i^{'}(1 + \frac{\partial t_j^{'}}{\partial t_i^{'}})}{(t_i^{'} + t_j^{'})^2} = \frac{1}{t_i^{'} + t_j^{'}}$$

$$\frac{\partial w_j^{'}}{\partial t_j^{'}} = \frac{(t_i^{'} + t_j^{'}) - t_j^{'}(1 + \frac{\partial t_i^{'}}{\partial t_j^{'}})}{(t_i^{'} + t_j^{'})^2} = \frac{1}{t_i^{'} + t_j^{'}} \tag{19}$$

考虑第1期球员供给弹性的情况下，将（17）式代入（18）式，有：

$$\frac{\partial w_i^{'}}{\partial t_i^{'}} = \frac{(t_i^{'} + t_j^{'}) - t_i^{'}(1 + \frac{1 - \varphi}{\varphi})}{(t_i^{'} + t_j^{'})^2}$$

$$\frac{\partial w_j^{'}}{\partial t_j^{'}} = \frac{(t_i^{'} + t_j^{'}) - t_j^{'}(1 + \frac{\varphi}{1 - \varphi})}{(t_i^{'} + t_j^{'})^2} \tag{20}$$

第2期俱乐部的利润函数分别为：

$$\pi_i^{'} = R_i^{'} - C_i^{'} = \frac{m_i}{4}(w_i^{'} - 0.5w_i^{'2}) - Ct_i^{'} - C_0$$

$$\pi_j^{'} = R_j^{'} - C_j^{'} = \frac{m_j}{4}(w_j^{'} - 0.5w_j^{'2}) - Ct_j^{'} - C_0 \tag{21}$$

一阶条件：

$$\frac{\partial \pi_i^{'}}{\partial t_i^{'}} = \frac{m_i}{4}(\frac{\partial w_i^{'}}{\partial t_i^{'}} - w_i^{'}\frac{\partial w_i^{'}}{\partial t_i^{'}}) - C = 0$$

$$\frac{\partial \pi_j^{'}}{\partial t_j^{'}} = \frac{m_j}{4}(\frac{\partial w_j^{'}}{\partial t_j^{'}} - w_j^{'}\frac{\partial w_j^{'}}{\partial t_j^{'}}) - C = 0 \tag{22}$$

考虑第一种情况，第1期球员供给固定时，将（16）和（19）式代入（22）式，可求解出第2期利润最大化条件下的球员分布均衡解$(t_i^{''}, t_j^{''})$，有：

$$\frac{t_i^{''}}{t_j^{''}} = \frac{m_i}{m_j} \tag{23}$$

$$t_i^{''} = \frac{m_i^2 m_j[(1 - \frac{1}{\varphi})m_i + m_j]}{4C(m_i + m_j)^2} \qquad t_j^{''} = \frac{m_j^2 m_i[(1 - \frac{1}{\varphi})m_i + m_j]}{4C(m_i + m_j)^2} \tag{24}$$

将（23）式代入（18）式，可得：

$$w_i^{''} = \frac{m_i}{m_i + m_j} \qquad\qquad w_j^{''} = \frac{m_j}{m_i + m_j} \qquad (25)$$

比较（11）、（12）和（23）、（24）、（25）式，可得出以下结论：

$$\frac{t_i^{''}}{t_j^{''}} = \frac{t_i^{*}}{t_j^{*}} \quad t_i^{*} > t_i^{''} \quad t_j^{*} > t_j^{''}$$

命题 3：

（1）联盟实施保留条款后，在球员供给固定的联盟中，球员分布均衡解

为 $(\dfrac{m_i^2 m_j [(1 - \dfrac{1}{\varphi}) m_i + m_j]}{4C(m_i + m_j)^2}, \dfrac{m_i m_j^2 [(1 - \dfrac{1}{\varphi}) m_i + m_j]}{4C(m_i + m_j)^2})$，其中 $\dfrac{t_i^{''}}{t_j^{''}} = \dfrac{m_i}{m_j}$；

（2）在球员供给固定的联盟中，保留条款制度的引入并不能改变球员的分布，不会影响俱乐部的获胜概率，但会降低俱乐部雇佣球员的动机，减少球员雇佣数量；

（3）俱乐部雇佣球员的数量与市场规模、雇佣成本以及保留比例有关。

考虑第二种情况，第 1 期球员供给弹性时，将（17）和（20）式代入（22）式，可求解出第 2 期利润最大化条件下的球员分布最优解 $(t_i^{''}, t_j^{''})$，有：

$$\frac{\partial \pi_i^{'}}{\partial t_i^{'}} = \frac{m_i}{4} \frac{\partial w_i^{'}}{\partial t_i^{'}} (1 - w_i^{'}) - C = \frac{m_i}{4} \cdot \frac{(t_i^{'} + t_j^{'}) - \dfrac{t_i^{'}}{\varphi}}{(t_i^{'} + t_j^{'})^2} \cdot \frac{t_j^{'}}{t_i^{'} + t_j^{'}} - C \qquad (26)$$

$$\frac{\partial \pi_j^{'}}{\partial t_j^{'}} = \frac{m_j}{4} \frac{\partial w_j^{'}}{\partial t_j^{'}} (1 - w_j^{'}) - C = \frac{m_j}{4} \cdot \frac{(t_i^{'} + t_j^{'}) - \dfrac{t_j^{'}}{1 - \varphi}}{(t_i^{'} + t_j^{'})^2} \cdot \frac{t_i^{'}}{t_i^{'} + t_j^{'}} - C \qquad (27)$$

求解（26）和（27）式，可得：

$$m_j t_i^{'2} - (m_i \frac{\varphi - 1}{\varphi} + \frac{\varphi}{1 - \varphi} m_j) t_i^{'} t_j^{'} - m_i t_j^{'2} = 0 \qquad (28)$$

$$\left[\varphi m_j \frac{t_i^{'}}{t_j^{'}} + (1 - \varphi) m_i \right] \left[\frac{1}{\varphi} \frac{t_i^{'}}{t_j^{'}} - \frac{1}{1 - \varphi} \right] = 0 \qquad (29)$$

则有：

$$\frac{t_i''}{t_j''} = -\frac{(1-\varphi)m_i}{\varphi m_j} \text{ 或 } \frac{t_i''}{t_j''} = \frac{\varphi}{1-\varphi} \tag{30}$$

由于 $\frac{t_i''}{t_j''} > 0$，所以：

$$\frac{t_i''}{t_j''} = \frac{\varphi}{1-\varphi} \tag{31}$$

将（31）代入（26）、（27）式，无法得出一个均衡解。

命题4：

（1）在球员供给弹性的联盟，当联盟实施保留条款制度后，球员分布存在这样一种关系：$\frac{t_i''}{t_j''} = \frac{\varphi}{1-\varphi}$；

（2）在引入保留条款制度后，球员供给弹性的联盟的两个俱乐部无法得出球员分布最优解。原因在于随着球队保留比例的增加，球队之间的竞争实力差距越大，则联盟的竞争实力就越不均衡，无法实现两个俱乐部同时利润最大化。

（二）保留条款制度合理性分析

那么，这种限制运动员流动的条款，到底有什么作用呢？联盟为何会冒着违反反垄断法而一意孤行呢？本书认为保留条款制度的作用主要体现在以下三个方面。

1. 减少俱乐部的支出，保护俱乐部的财政安全

显而易见，联盟实施保留条款制度，实质上赋予了俱乐部在劳动力市场的买方垄断势力。微观经济学一般理论表示，当一种投入品的购买者具有买方垄断势力时，他就可以压低价格购买该投入品。在职业体育劳务市场中，由于俱乐部具有买方垄断势力，它就可以比竞争性工资更低的工资雇佣球员，有效降低球员工资，从而维护俱乐部的财政安全，这和保留条款制度的设立

目的是吻合的。①这与 Scully（1974）、Zimbalist（1992）、MacDonald 和 Reyn-
olds（1994）、Krautmann（1999）得出的研究结论也基本一致，在保留条款制
度下，球员的薪水远低于球员的 MRP，而在自由代理制度下，可自由转会的
球员基本可以 MRP 予以支付，而非自由转会球员的薪水则明显低于 MRP。

保留条款制度对于降低球员薪水的作用是非常显著和直观的，比如
1973—1975 年，每年 MLB 球员的平均薪水上升 0%～2%，到了 1976 年，实际
工资上涨 10%，而到了 1977 年，保留条款制度被废止之后，第一个集体协议
生效的第一年，球员薪水迅速上涨了 38%；球员薪水占球队支出的比例也在
快速提升，1974 年，球员薪水占球队支出的 17.6%，仅仅过了 3 年，到 1977
年，这个比例上升到 20.5%，到 1982 年，球员薪水占球队支出的 41.1%。

因此，有效地降低球员工资，从而提升俱乐部的利润，是保留条款制度
的本意。这对于发展初期就面临着财政危机的北美职业体育俱乐部而言，是
非常有必要的。保留条款制度有效地维护了市场规模小或财政基础薄弱的俱
乐部的财政安全，为这些俱乐部的生存与发展奠定了良好的基础，从而有效
地保障了联赛的稳定与持续发展。

2. 有效激励俱乐部对球员进行前期培训和训练

联盟制定类似于保留条款的合约，可以有效地激励俱乐部对梯队队员进
行前期的培养。众所周知，优秀运动员是一种特殊的人力资本。要成为一名
优秀的运动员，必须接受全方位、长时间的专业训练，并通过一次又一次联
赛的洗礼。比如对职业足球运动员而言，守门员的黄金年龄为 30 岁左右，后
卫和中场在 28 岁左右，前锋在 26～28 岁。1998 赛季欧洲四大足球联赛（英
超、意甲、德甲、西甲）球员平均年龄为 27.6 岁，2001 年赛季为 26.5 岁。尤
为重要的是，黄金运动生涯是非常短暂的，没有人能够永远在职业赛场上拼
搏，没有人能够长期保持最佳的竞技状态。再加上对于许多优秀球员而言，
伤病能否得到及时的治疗与恢复，多年和全年训练的系统性和科学性如何，

---

① 在 MLB 的发展初期，球队面临着严重的财政危机，许多俱乐部处于亏损状态，每个球队的开支主要是
球员的薪水，球队之间为了争夺稀缺的球员，使得这个支出持续攀升。

训练过程中的负荷安排是否合理，这些因素都在很大程度上限制着球员的运动寿命。这就使得假如球员可以在俱乐部之间完全自由流动，俱乐部就不可能有培养球员的动机。尤其是在后备人才梯队较为薄弱的情况下，赋予俱乐部拥有球员的权力，可以有效地激励俱乐部对球员进行前期培训和训练。

3. 控制联赛剩余索取权

实施投入市场中的限制行为归根结底在于球员与俱乐部对剩余索取权的控制。由于既是人力资本的出资人（俱乐部购买球员和教练员），也是物质资本的出资人（提供体育场馆），俱乐部理所当然地拥有联赛的大部分剩余控制权和索取权。再加上球员的交易规则是联赛组织者设立的，而组织者的动机又是非常复杂的，达到竞争实力均衡仅仅是他们的一个目标，而不会是全部，此外，联赛组织者由球队所有者组成，如何实现成本最小化和收益最大化是所有者共同的目标，这在实现竞争实力均衡的幌子下安然存在。要想限制运动员的自由流动、减少资方对劳方剩余价值的剥夺，只有当球员能够参与联赛规章制度的制定中来才能实现，但要实现这点的前提是，球员工会必须足够强大。

三、收入分享制度

一般情况下，委托人从他雇佣的代理商那里获得产出，而代理商比委托人拥有更多的产出相关信息。委托人要解决的问题就是设计一种激励机制使代理商利用已有的资源使产出最大化。对很多代理商来说，他们很少研究这个基本代理问题以外的东西。但当代理商的产出受到其他产出的影响时，外部性就变得重要了。在签订了可强制执行的合同的情况下，这个问题并不存在，因为委托人可以迫使代理商履行承诺，从而内化代理商的外在性（Atkinson，1988）。然而强制执行并不总是行得通的，因为委托人不能监视代理商的行为，或者是因为委托人没有代理商所拥有的信息而要求强制执行。那么问题就出现了：如果不强制执行，委托人是否能设计出可促使代理商把产出最大化的激励方案呢？

在职业体育中，联盟与俱乐部之间可能存在信息不对称或信息冲突。一个俱乐部所有者非常清楚自己队员的技术水平和他们对队伍的贡献，但出于战略的考虑，这些信息不可能泄露给其他团队的所有者。与取胜相关的信息不公开、非金钱利益增加时，激励每个俱乐部努力将制度安排最大化就显得非常关键。

因此，收入分享制度应运而生。当前，主要有三种收入分享方式：主场收入分享、电视转播收入分享和奖金池分享。

对于收入分享制度，学界展开了广泛的讨论。赞成收入分享制度的学者认为，俱乐部的初始财富禀赋和获得收入的途径多元化且存在较大的差异。收入分享制度可以避免小市场俱乐部破产或彻底失败，能提高小市场俱乐部的存活力，从而最终促使联盟整体健康稳定发展，而通过收入分享制度，小市场俱乐部可获得购买优秀球员的资本，使得赛场上俱乐部之间的竞争实力趋于均衡，从而避免大市场俱乐部长期垄断市场（Levin，Mitchell，Volcker，Will，2000）；Scully（1995）、Quirk 和 Fort（1995）采纳经验数据表明，处于不同城市的俱乐部获得的门票收益和从本地电视转播中获得的收益存在非常大的差异，这就使得富有的俱乐部在赛场上越来越成功，有实力雇佣到更多、更优秀的球员。因此，联盟就非常有必要制定一种重新分配收入的机制，通过强制的方式，促使俱乐部的财政实力趋于均衡，从而维持联盟竞争实力均衡。

反对收入分享制度的学者认为收入分享制度是一种和赛场竞争无关的货币奖励，这极有可能降低大市场俱乐部对于球员的投资，从而降低比赛的质量，降低比赛需求；而对于小市场俱乐部而言，不用努力就可以获得额外的奖励，产生搭便车行为。Daly（1992）、Quirk 和 Fort（1995）还同时指出，采用这种与竞争无关的收益补贴，会导致公众对联赛的诚信产生质疑，从而影响联赛的收益。

那么，收入分享制度到底具有怎样的功效？不同的收入分享方式其存在的机理是什么？它对联盟竞争实力均衡的影响如何？本书将依托前面的基准模型展开深入的讨论。

（一）主场收入分享机理分析

作为联盟推崇的一种促进俱乐部之间竞争实力均衡的有效手段，主场收入分享能否促进俱乐部之间的竞争实力均衡一度成为学术界讨论的焦点。在已有研究的基础之上，本书根据前面的理论模型，将分别考虑球员供给固定和球员供给弹性状态下，收入分享制度对于竞争实力均衡的作用。

假设主场俱乐部将保留 α 的主场收入，而将 $(1-\alpha)$ 的主场收入分配给客队，那么，（8）、（9）两式代表的俱乐部利润函数转变为：

$$\pi_i = [\alpha R_i + (1-\alpha) R_j] - C_i$$

$$= \alpha \left[\frac{m_i}{4} (w_i - 0.5w_i^2) \right] + (1-\alpha) \left[\frac{m_j}{4} (w_j - 0.5w_j^2) \right] - C^* t_i$$

$$\pi_j = [\alpha R_j + (1-\alpha) R_i] - C_j$$

$$= \alpha \left[\frac{m_j}{4} (w_j - 0.5w_j^2) \right] + (1-\alpha) \left[\frac{m_i}{4} (w_i - 0.5w_i^2) \right] - C^* t_j \quad (32)$$

1.球员供给固定时收入分享制度对竞争实力均衡的影响

联盟内俱乐部利润最大化，一阶条件为：

$$\frac{\partial \pi_i}{\partial t_i} = \alpha \left[\frac{m_i}{4} \left(\frac{\partial w_i}{\partial t_i} - w_i \frac{\partial w_i}{\partial t_i} \right) \right] + (1-\alpha) \left[\frac{m_j}{4} \left(\frac{\partial w_j}{\partial t_i} - w_j \frac{\partial w_j}{\partial t_i} \right) \right] - C^*$$

$$= \alpha \left[\frac{m_i}{4} \left(\frac{1}{t_i + t_j} - \frac{t_i}{t_i + t_j} \times \frac{1}{t_i + t_j} \right) \right]$$

$$+ (1-\alpha) \left[\frac{m_j}{4} \left(\frac{-1}{t_i + t_j} - \frac{t_j}{t_i + t_j} \times \frac{-1}{t_i + t_j} \right) \right] - C^* = 0$$

$$\frac{\partial \pi_j}{\partial t_j} = \alpha \left[\frac{m_j}{4} \left(\frac{\partial w_j}{\partial t_j} - w_j \frac{\partial w_j}{\partial t_j} \right) \right] + (1-\alpha) \left[\frac{m_i}{4} \left(\frac{\partial w_i}{\partial t_j} - w_i \frac{\partial w_i}{\partial t_j} \right) \right] - C^*$$

$$= \alpha \left[\frac{m_j}{4} \left(\frac{1}{t_i + t_j} - \frac{t_j}{t_i + t_j} \times \frac{1}{t_i + t_j} \right) \right]$$

$$+ (1-\alpha) \left[\frac{m_i}{4} \left(\frac{-1}{t_i + t_j} - \frac{t_i}{t_i + t_j} \times \frac{-1}{t_i + t_j} \right) \right] - C^* = 0$$

解上述两式，可得：

$$\frac{t_i^*}{t_j^*} = \frac{m_i}{m_j} \qquad \begin{aligned} t_i^* &= \frac{(2\alpha-1)m_i^2 m_j}{4C^*(m_i+m_j)^2} \\ t_j^* &= \frac{(2\alpha-1)m_i m_j^2}{4C^*(m_i+m_j)^2} \end{aligned} \tag{33}$$

综合上述讨论，可得出以下观点。

命题5：

（1）球员供给固定的联盟，引入收入分享制度时球员分布的一般均衡解

为 $\left(\dfrac{(2\alpha-1)m_i m_j^2}{4C^*(m_i+m_j)^2}, \dfrac{(2\alpha-1)m_i^2 m_j}{4C^*(m_i+m_j)^2}\right)$，其中 $\dfrac{t_i^*}{t_j^*} = \dfrac{m_i}{m_j}$；

（2）收入分享制度会影响俱乐部对球员的投资水平，当 $\alpha > \dfrac{1}{2}$ 时，

$\dfrac{\partial t_i}{\partial \alpha} > 0$；当 $\alpha < \dfrac{1}{2}$ 时，$\dfrac{\partial t_i}{\partial \alpha} < 0$，[①]当俱乐部主场收入越多时，其就越努力投资球员，反之，当与客队分享的主场收入越多时，俱乐部就越不愿投资球员。

比较命题1和命题5可知，在球员供给固定的联盟中，是否引入收入分享制度和球员的分布无关，也就是说，收入分享制度的引入并不能影响球员供给固定联盟的联赛竞争实力均衡，这与联盟宣称该制度是为了促进联赛竞争实力均衡相矛盾。同时，从球员拥有状况来看，α 要满足 $\alpha > \dfrac{1}{2}$，而且随着 α 的增大，t_i 和 t_j 也随着增大，这就意味着随着 α 的减小，t_i 和 t_j 也随着减小。换句话说，当俱乐部主场收入分享过多时，俱乐部雇佣球员的数量将会减少，反而影响了联赛的精彩程度，尽管球员的分布可能是均衡的。

2.球员供给弹性时收入分享制度对竞争实力均衡的影响

$$\begin{aligned} \frac{\partial \pi_i}{\partial t_i} &= \alpha\left[\frac{m_i}{4}\left(\frac{\partial w_i}{\partial t_i} - w_i\frac{\partial w_i}{\partial t_i}\right)\right] + (1-\alpha)\left[\frac{m_j}{4}\left(\frac{\partial w_j}{\partial t_i} - w_j\frac{\partial w_j}{\partial t_i}\right)\right] - C^* \\ &= \alpha\left[\frac{m_i}{4}\left(\frac{t_j}{(t_i+t_j)^2} - \frac{t_i}{t_i+t_j}\times\frac{t_j}{(t_i+t_j)^2}\right)\right] \end{aligned}$$

---

① $\alpha = \dfrac{1}{2}$ 时的情况在这里的理论和现实意义较弱，故不特别强调。

$$+(1-\alpha)\left[\frac{m_j}{4}\left(-\frac{t_j}{(t_i+t_j)^2}-\frac{t_j}{t_i+t_j}\times\left(-\frac{t_j}{(t_i+t_j)^2}\right)\right)\right]-C^*$$

$$=\alpha\left[\frac{m_i}{4}\times\frac{t_j^{\,2}}{(t_i+t_j)^3}\right]-(1-\alpha)\left[\frac{m_j}{4}\times\frac{t_it_j}{(t_i+t_j)^3}\right]-C^*=0$$

$$\frac{\partial\pi_j}{\partial t_j}=\alpha\left[\frac{m_j}{4}\left(\frac{\partial w_j}{\partial t_j}-w_j\frac{\partial w_j}{\partial t_j}\right)\right]+(1-\alpha)\left[\frac{m_i}{4}\left(\frac{\partial w_i}{\partial t_j}-w_i\frac{\partial w_i}{\partial t_j}\right)\right]-C^*$$

$$=\alpha\left[\frac{m_j}{4}\left(\frac{t_i}{(t_i+t_j)^2}-\frac{t_j}{t_i+t_j}\times\frac{t_i}{(t_i+t_j)^2}\right)\right]$$

$$+(1-\alpha)\left[\frac{m_i}{4}\left(-\frac{t_i}{(t_i+t_j)^2}-\frac{t_i}{t_i+t_j}\times\left(-\frac{t_i}{(t_i+t_j)^2}\right)\right)\right]-C^*$$

$$=\alpha\left(\frac{m_j}{4}\times\frac{t_i^{\,2}}{(t_i+t_j)^3}\right)-(1-\alpha)\left(\frac{m_i}{4}\times\frac{t_it_j}{(t_i+t_j)^3}\right)-C^*=0\qquad(34)$$

求解上述两式，由于上述两式比较繁杂，无法直接得出球员分布的均衡解 (t_i^*,t_j^*)，但我们可以构建一种关联关系：

$$令\ \frac{t_i^*}{t_j^*}=\phi(\alpha)\qquad(35)$$

则有：

$$\alpha m_j\phi^2(\alpha)-(1-\alpha)(m_i-m_j)\phi(\alpha)-\alpha m_i=0\qquad(36)$$

取：$\sigma=(1-\alpha)(m_i-m_j),\ \lambda_1=\alpha m_i,\ \lambda_2=\alpha m_j$ （37）

$$\phi(\alpha)=\frac{1}{2\lambda_2}\left(\sigma+\sqrt{\sigma^2+4\lambda_1\lambda_2}\right)\qquad(38)$$

将（36）式代入（37）式，可得：

$$\phi(\alpha)=\frac{1}{2\alpha m_j}\left[(1-\alpha)(m_i-m_j)+\sqrt{[(1-\alpha)(m_i-m_j)]^2+4\alpha^2m_im_j}\right]\ (39)$$

$$\frac{\partial\phi(\alpha)}{\partial\alpha}=-\frac{m_i-m_j}{2m_j}\frac{1}{\alpha^2}$$

$$+\frac{1}{2m_j}\sqrt{\frac{(1-\alpha)^2}{\alpha^2}(m_i-m_j)^2+4m_im_j(m_i-m_j)^2\,2\left(\frac{1}{\alpha}-1\right)\left(-\frac{1}{\alpha^2}\right)}$$

$$=-\frac{m_i-m_j}{2m_j}\frac{1}{\alpha^2}-\frac{1}{2\lambda_2}\sqrt{\sigma^2+4\lambda_1\lambda_2\left(\frac{1}{\alpha}-1\right)\times\frac{1}{\alpha^2}}<0\qquad(40)$$

　　由（40）式可知，$\phi(\alpha)$ 与 α 成反比关系，俱乐部主场收入的保留比例越大，与客队分享的比例越小，则俱乐部之间的球员分布差异越小，联盟的竞争实力就越均衡；反之，俱乐部主场收入的保留比例越小，与客队分享越多，则俱乐部之间的球员分布差异越大，联盟的竞争实力就越不均衡。这从理论视角证明了为何在球员供给弹性的联盟中很少可见主场收入分享制度。

　　（二）电视转播收入分享的效应分析

　　目前，世界上许多职业体育联盟都采纳了集中销售电视转播权的做法。所谓集中销售电视转播权是指各个职业俱乐部联合或者在联盟的主导下，将整个赛季的电视转播权集中授予某传媒机构，由其对整个联赛的体育比赛进行开发和转播，然后在参与的球队中分享收益。通常情况下，存在两种分享模式：一是平均分配模式，这种模式常见于北美职业体育联盟；二是平均分配和绩效分配相结合模式，这种模式常见于欧洲职业体育联盟（见表3.1）。比如英超将50%的电视转播收益进行平均分配，25%的收益按照上一个赛季的排名进行分配，25%则按照电视台转播次数进行分配。除了平均分配国家电视转播权之外，联盟往往会限制俱乐部在本地电视台转播的次数。

表 3.1　电视转播收入分享标准

联赛	电视转播权收入分享
法甲	73%的收入进行平均分配;27%的收入按照上一赛季排名进行分配
德甲	50%的收入平均分配;50%按照绩效基础分配(其中75%按照前三个赛季排名进行分配;25%按照上一赛季排名分配)
英超	50%平均分配;25%按照上一赛季排名进行分配;25%按照电视台转播次数来分配
MLB	平均分配
NFL	平均分配
NBA	平均分配,同时联盟限制俱乐部本地电视台的转播次数
NHL	平均分配

数据来源：经相关文献整理而得。

　　从表面上看，电视转播权的集中销售限制了俱乐部独自经营电视转播权，阻止或减少联盟内俱乐部之间在电视转播权市场上的相互竞争。实际上，转播权的集中销售，可以有效提高联盟的整体收益，从而促进联盟内俱乐部收益的最大化。杨年松（2008）从成本与收益的视角，通过比较职业体育电视转播价格和数量的变化，来揭示联盟集中销售电视转播权的经济性和必要性。如图 3.1 所示，假设俱乐部之间没有形成卡特尔协议，职业体育联盟的各成员俱乐部在电视转播权市场中相互竞争。为追逐利润的最大化，每个俱乐部都会不断增加销售，直至 MR 等于 MC，市场在 DD 与 MC 的交点 A 点达到平衡。而若俱乐部存在卡特尔协议，则联盟会通过生产边际成本与边际收入来确定数量，这就表现为 MR 与 MC 的交点 B 点，且会选择 DD 上 C 点的价格，通过限产提价实现垄断利润的最大化。这种集体议价促使职业体育联盟获得电视转播权的垄断势力，在与完全竞争的媒体业博弈时，职业体育联盟可获得收益的最大化。

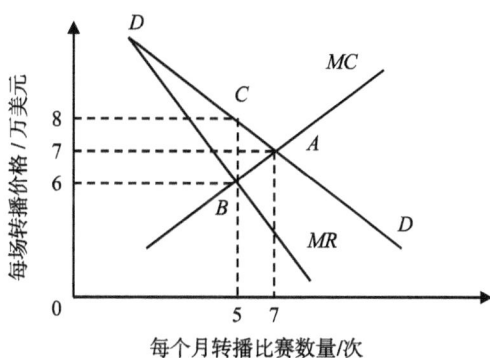

图 3.1　转播价格与转播比赛数量

无论联盟采纳何种收入分享标准，集体议价将有效地缩小联盟贫富差距和俱乐部之间的财政差距，有效地促进俱乐部之间的竞争实力均衡。对比联盟内电视转播权的最高收益与最低收益之比，可以直观地揭示电视转播权集体议价与俱乐部单独议价之间的差别。比如采纳俱乐部单独议价方式的西班牙足球甲级联赛和意大利甲级联赛，这个比例分别为 5.3 和 6.3，远远超过集体议价的法国足球甲级联赛的 1.8，德国足球甲级联赛的 2.6，英超联赛的 2.3。

由此可见，集体议价将有助于缩小俱乐部之间的贫富差距，从而有利于联盟的竞争实力均衡。同时我们也可以发现，尽管由俱乐部独自经营电视转播权在某种程度上赋予了它们充分的自主经营权，但对联盟而言，则可能存在着许多不利的因素，比如在意大利，曾经出现过因8家小俱乐部未拿到转播权合同而导致联赛被迫推迟的情况。

显然，电视转播权的集体议价也会遭遇反垄断法或竞争法的挑战，但在诸多挑战中，其逃过了一次又一次的劫难，这主要可以归功于以下几个方面。

1. 外部性的内部化

对联盟而言，俱乐部的电视转播权在很大程度上涉及外部性问题。作为生产者之一的俱乐部，单独一家并不能完全独立操控整个转播市场。联赛转播收益部分归功于个别俱乐部的努力，但还有很大的一部分仍应归功于联盟这个整体。如果任由每个俱乐部自由出售电视转播权，不仅会导致俱乐部之间相互压价从而降低收益，而且更为关键的是不同区域传媒市场大小的差异将导致不同俱乐部电视转播收益存在差别，这就很容易导致俱乐部之间关于转播权的竞争异化。如果一些俱乐部在其他俱乐部的市场上进行销售，而另外一些俱乐部并没有那么做，那么这就可能影响那些没有这样做的俱乐部的收视率。因此，假如电视转播权在联盟层面集中销售，则可以使得这些外部性内部化，还可以通过对转播权的包装使得联盟处于要价地位，实现联盟和俱乐部收益的最大化。

2. 集体行动的选择

各个俱乐部愿意将电视转播权转让，由联盟集中销售，在很大程度上则体现了集体行动的逻辑。正如奥尔森所论述的那样，小集团不用靠强制或任何集体物品以外的正面诱因就会给自己提供集体物品。对1960年仅拥有12支俱乐部的NFL和包装工人队这种弱势俱乐部而言，出让电视转播权将使它们获得更高的收益；而对于富有的俱乐部而言，尽管从短期来看，它们可能会承担由于转让电视转播权而失去的一定收益，但随着联盟运营越加稳定，它们得到的好处要比联盟不提供集中销售时来得多，因此，这些富有的俱乐部也会支持集中销售。

3.增加电视观众的数量和提高联赛的吸引力

在电视出现以前，由体育作家和体育广播员将比赛的信息，主要是分数和运动员的动作进行简单的再现；而当电视出现以后，球迷无论身处何地，只要打开电视机，栩栩如生的比赛画面就瞬时展现在眼前。原本稍纵即逝的比赛画面，通过高新技术，实现了生产和销售的可分离性。激烈的比赛环节、清晰的电视画面、精彩的电视解说，使得那些不会踢足球、打篮球的人们也被这些精彩的画面所吸引，纷纷加入职业体育比赛的观众群中，成为典型的观赏性观众。而每当一场比赛结束之后，许多人对比赛环节、得分情况、球员表现、联赛排名以及下一场比赛的对抗信息充满了期待和兴趣，对那些球员的个人信息产生了巨大的兴趣，这就使得体育新闻工作者和体育专栏记者等不仅仅要描述比赛的分数和球员的动作，而更多地着眼于动作以外的故事。他们"不得不告诉观众更多关于球员的个人故事，更仔细挖掘策略的根源，对俱乐部经理和教练更带有批判性，并且更仔细地报告幕后的冲突与操作"，电视使得职业体育的商业化和职业化表现得更为突出。

显然，在这个双边网络市场中，联赛竞赛水平越高，拥有的球员数量越多，球队之间竞争越激烈，就越能吸引到更多的观众，企业的赞助也就会越多，则电视媒体的关注度就越高。由此可见，消费者关注的焦点不仅仅在每一场比赛，而且主要体现在联赛整体，比如联赛排名、竞争实力均衡等，这就使得电视转播在联盟层面的整体营销，将更有助于提高人们对联赛的关注度，从而提高了联赛的吸引力。

当然，对于完全竞争的电视媒体市场而言，作为其投入品的比赛存在着太多的替代品，电视媒体可以转播舞台剧、戏剧、电视剧……，即使是同样的体育比赛，也存在不同的运动项目的职业体育联赛的竞争，除了职业体育比赛，还有大量大规模的休闲体育运动。因此，为了在竞争中脱颖而出，某一个单项职业体育联盟将电视转播权打包出售，能有效地抢占市场，是该项联盟的最优选择。

（三）奖金池收入分享的机理分析

奖金池收入分享，通常是指联盟规定每个俱乐部要将一定比例的收益汇入一个总的奖金池，而后在参赛俱乐部中按照一定的规律进行重新分配。比如英超要求将俱乐部收益的 4% 汇入奖金池；NBA 要求将主场收入的 4% 汇入奖金池，然后在所有的球队之间平均分配；NFL 从 2002 赛季开始进行奖金池分享；1980 年，澳大利亚橄榄球联盟（Australian Football League）要求将电视转播收入、比赛净收入的 20% 汇入奖金池，然后在俱乐部中平均分配，到 2004 年，联盟要求将所有的电视转播收入、社团收入、从最后一轮比赛中获得的净收入以及联盟比赛日出版物获得的收益都汇入奖金池（Stewart，1984）。MLB 则拥有更为复杂的奖金池收入分享计划。1997 年的基本协议规定所有俱乐部产生的净收入（主要是门票收入、场馆收入和本地电视转播收入）的 20%，以及 MLB 集体协议产生的收入（主要是国家层面电视转播费用、特许费和版税）汇入奖金池，然后将 75% 的奖金池收益在所有俱乐部中平均分配，剩余的 25% 在本地收入低于平均收入的俱乐部中反向分配。

作为联盟一种常见的制度安排，收入分享制度对竞争实力均衡会产生影响吗，会产生怎样的影响？本节仍基于前面的基准模型加以论证和分析。假设联盟规定每个俱乐部必须将收入的 β 比例汇入奖金池，然后在所有俱乐部中平分，则（8）、（9）两式中俱乐部的利润函数转变为：

$$
\begin{aligned}
\pi_i &= [(1-\beta)R_i + \frac{\beta(R_i + R_j)}{2}] - C^* t_i \\
&= [(1-\beta)\frac{m_i}{4}(w_i - 0.5w_i^2) \\
&\quad + \frac{\beta(\frac{m_i}{4}(w_i - 0.5w_i^2) + \frac{m_j}{4}(w_j - 0.5w_j^2))}{2}] - C^* t_i \qquad (41) \\
\pi_j &= [(1-\beta)R_j + \frac{\beta(R_i + R_j)}{2}] - C^* t_j \\
&= [(1-\beta)\frac{m_j}{4}(w_j - 0.5w_j^2)
\end{aligned}
$$

$$+ \frac{\beta(\frac{m_i}{4}(w_i - 0.5w_i^2) + \frac{m_j}{4}(w_j - 0.5w_j^2))}{2}] - C^* t_j \qquad (42)$$

考虑俱乐部利润最大化情况下，球员供给固定模式中，球员分布的均衡解为[①]：

$$t_i^* = \frac{(1 - \beta) m_i^2 m_j}{8C^*(m_i + m_j)^2} \qquad t_j^* = \frac{(1 - \beta) m_j^2 m_i}{8C^*(m_i + m_j)^2}$$

其中：$\dfrac{t_i^*}{t_j^*} = \dfrac{m_i}{m_j}$ \qquad\qquad\qquad\qquad\qquad (43)

命题6：

（1）球员供给固定的联盟中，引入收入分享制度时的球员分布的一般均衡解为 $(\dfrac{(1 - \beta) m_i^2 m_j}{8C^*(m_i + m_j)^2}, \dfrac{(1 - \beta) m_i m_j^2}{8C^*(m_i + m_j)^2})$，其中 $\dfrac{t_i^*}{t_j^*} = \dfrac{m_i}{m_j}$；

（2）收入分享会影响俱乐部对球员的投资水平，有 $\dfrac{\partial t_i}{\partial \beta} < 0$；当俱乐部收入汇入奖金池的比例越高，则俱乐部雇佣球员的动机就越小。

很显然，联盟制定这样的计划，是为了激励底部俱乐部改善球员储备状况，从而促进联赛竞争实力均衡，进而改善联盟的经济回报。然而，实际上不断上升的奖金池收入分享比例减少了俱乐部对球员的投入，由此可能引致联赛精彩程度下降，反而会破坏俱乐部的竞争实力均衡，降低了联盟的总收益。Joel G. Maxcy（2007）运用经验验证表明，不断演进的收入分享制度会降低低收入俱乐部储备球员的动机。

总体而言，无论是主场门票收入分享制度还是奖金池收入分享制度，都不能影响联盟的竞争实力均衡，反而分享比例的上升，会引致俱乐部尤其是大市场俱乐部不努力投资，从而影响联赛的精彩程度，降低联盟的总收益。而无论联盟采纳何种分享制度，电视转播权的集体议价将有效地缩小联盟贫富差距，以及俱乐部之间的财政差距，促进俱乐部之间的竞争实力均衡。

---

① 考虑俱乐部利润最大化情况下，球员供给弹性模式的求解非常复杂，本节将不予考虑。

但毫无疑问，收入分享制度具有一定的合理性，而且从俱乐部所有者角度看，收入分享制度的存在可以使得大家的收益比没有实施这项制度的收益要好。俱乐部所有者通过一致同意规则保证了每个俱乐部的帕累托改善，这使得市场规模、初始财富禀赋存在差异的各个俱乐部，在就集体销售的赛事收益讨价还价中，很难提出比收入分享制度更好的策略选择，因此，界定适当的收入分享比例，显然是被大家所认可。

此外，从表面上看，实施收入分享制度可以获得公众对于联赛诚信的认可。尽管收入分享制度并没有对竞争实力均衡产生影响，但显然，这种通过将富有球队的收入转向弱小俱乐部的举措会赢得公众的喜爱，从表面上缩小了俱乐部的贫富差距，为提供一个结果更不确定的比赛奠定了公众基础。

四、主场特许经营制度

特许经营，作为20世纪50年代首先在美国出现的营销手段，已从最初的快餐和时装行业发展到几乎可以包括所有产品领域。因此，在美国第一个职业体育联盟成立伊始，这种不仅向经销商提供产品，更重要的是向经销商提供与产品相关的、不可分离的知识产权的营销方式也得到了联盟管理者的青睐。联盟通过特许权的转让，实现所有权分散和经营权统一的目的，达到快速抢占市场、稳定联盟的效果。通过特许权转让合同，联盟与各俱乐部的关系更加紧密，实现俱乐部收益最大化和联盟联合收益最大化的目的。在规则和标准设定方面，能强化联盟的权威，进一步明确联盟与俱乐部双方的权利义务，在统一的经销网络中维护联盟的声誉和品牌形象，保证交易的稳定性，促进联盟和俱乐部的生存和发展。在所有特许经营权中，尤为特殊的就是北美职业体育联盟赋予职业体育俱乐部的"主场特许经营权"。

（一）主场特许经营权的机理分析

由基准模型可知，在其他条件相同的情况下，市场规模的大小直接影响着俱乐部的竞争实力。对于俱乐部而言，市场规模大意味着拥有更多的现实需求和潜在需求，这就使得大都市往往成为俱乐部的首选之地。在北美职业体育发展初期，球迷基础较为薄弱，对于如何培育球迷市场，如何和当地的政府、企业建立一种归属感、认同感，赋予俱乐部专有权就显得非常重要了。而尤为关键的是职业体育的球迷具有很强的独特性，通常情况下，职业体育球迷主要包括两类：一类是绝对偏好体育迷（the diehard supporter），另一类是纯粹体育迷（purist fans）。所谓绝对偏好体育迷，他们主要关注本地球队的获胜情况，较少关注客队的表现，渴望主场球队获胜是其主要的观赏动机；而那些主要关注比赛的精彩程度，更倾向于观看竞争实力接近的球队之间的比赛，或是被精彩的比赛所吸引，而不会仅仅忠诚主场球队的球迷被称为纯粹体育迷。由此可见，对于职业体育的消费者而言，他们关心的是价格和偏好之和。因此，我们可以考虑一种特殊的产品差异模型，亦即经典的豪泰林模型。

我们假定一个长度为1的线性城市，消费者均匀地分布在 $[0, 1]$ 区间里，分布密度为1。假定有两个俱乐部，分别位于城市的两端，俱乐部1在 $x=0$，俱乐部2在 $x=1$。每个俱乐部提供赛事的单位成本为 c，消费者购买赛者服务的旅行成本与俱乐部距离成正比，单位距离成本为 t，这样，住在 x 的消费者如果在俱乐部1观看比赛，要花费 tx 的旅行成本；如果消费者在俱乐部2观看比赛，要花费 $t(1-x)$。我们假设两个俱乐部之间竞争价格的纳什均衡，假定两个俱乐部同时选择自己的销售价格。为了简单起见，我们假定消费者剩余相对于购买总成本（价格加旅行成本）而言足够大从而所有消费者都购买一个单位的产品。令 P_i 为俱乐部 i 的价格，$D_i(p_1, p_2)$ 为需求函数，$i=1,2$。如果住在 x 的消费者对于两个俱乐部之间的球队是无差异的，那么，所有住在 x 左边的都将去俱乐部1观看比赛，而居住在 x 右边的都将去俱乐部2观看比赛，这里的需求分别为 $D_1=x, D_2=1-x$。

这里 x 满足：

$$p_1 + tx = p_2 + t(1-x)$$

解上式的需求函数分别为：

$$D_1(p_1, p_2) = x = \frac{p_2 - p_1 + t}{2t}$$

$$D_2(p_1, p_2) = 1 - x = \frac{p_1 - p_2 + t}{2t}$$

利润函数分别为：

$$\pi_1(p_1, p_2) = (p_1 - c)D_1(p_1, p_2) = \frac{1}{2t}(p_1 - c)(p_2 - p_1 + t)$$

$$\pi_2(p_1, p_2) = (p_2 - c)D_2(p_1, p_2) = \frac{1}{2t}(p_2 - c)(p_1 - p_2 + t)$$

俱乐部选择自己的价格以最大化利润，给定价格的情况下，两个一阶条件分别是：

$$\frac{\partial \pi_1}{\partial p_1} = p_2 + c + t - 2p_1 = 0$$

$$\frac{\partial \pi_2}{\partial p_2} = p_1 + c + t - 2p_2 = 0$$

解上述两个一阶条件，得最优解为：

$$p_1^* = p_2^* = c + t$$

每个俱乐部的均衡利润为：

$$\pi_1^* = \pi_2^* = \frac{t}{2}$$

由此可见，当旅行成本越高，产品的差异就越大，均衡价格且均衡利润也就越高。这就使得联盟有动机设置一定的准入壁垒，使得联盟内俱乐部之间的竞争性下降，消费者对价格的敏感度也随之下降，从而为使每个俱乐部的最优价格接近垄断价格创造条件。

（二）主场特许经营权的垄断竞争分析

不同于保留条款制度等限制行为，俱乐部主场垄断权在职业体育联盟的发展早期，较少受到反垄断的困扰，直到20世纪的后期，当越来越多的俱乐部为了使财政状况更佳而向联盟提请迁移或向在位城市要价时，联盟意识到不加约束的自由迁移可能有益于俱乐部的收益最大化、城市利益的最大化，但却可能损害联盟的财政稳定和长远发展，由此，联盟往往会对迁移持否定意见。于是，被否决迁移行动的俱乐部、城市会将联盟告上法庭，而球迷往往也为了将要迁移出的俱乐部留住，将俱乐部告上法庭，由此引发了关于联盟反垄断豁免的又一次辩论。

显然，对于那些意欲进入联盟或者迁址的俱乐部而言，主场特许经营权极大地限制了俱乐部的进入和迁移自由，这成为俱乐部不能申请加入联盟或迁址遭遇否决之后，向法院对职业体育联盟提请垄断诉讼首先提及的理由。比如当NHL海豹队（Seals）向NHL提出申请要求迁移到温哥华，但遭遇拒绝后，海豹队控诉NHL违反了《谢尔曼法》第1条。1978年，NFL洛杉矶公羊队决定把主场迁移到阿纳海姆。这一迁移行动使得洛杉矶公羊队原本使用的洛杉矶体育场（Los Angeles Coliseum）处于闲置状态。根据NFL的章程，洛杉矶体育场面临着无法安置另一支NFL球队的局面，因为它位于洛杉矶公羊队的新球场阿纳海姆体育场（Anaheim Stadium）的"主场区域"之内。1980年，洛杉矶体育场和奥克兰袭击者队（Oakland Raiders）的所有者艾尔·戴维斯（Al Davis）达成了租赁协议，袭击者队将迁往洛杉矶，并将洛杉矶体育场作为自己的主场。在袭击者队和洛杉矶体育场将迁移计划递交NFL之后，通过投票以22比0的绝对多数否决了这一计划。于是袭击者队和洛杉矶体育场一同对NFL章程中的上述规定提起反垄断诉讼。

当俱乐部提请反垄断诉讼时，联盟时常持有的观点主要集中在几个方面：第一，主场特许经营权能促进地区间的平衡发展，促进联盟的财政稳定。对于早期主要依赖主场门票收入的俱乐部而言，限制俱乐部的数量以及它们的地理位置，赋予俱乐部在该区域内的市场势力，能起到提高俱乐部收益、维持其生存和发展的功效。对联盟而言，限制俱乐部的自由进入，对于符合要求的城市授予特许权，从联盟层面优化俱乐部的空间配置，能够实现联盟收益的最大化，并促进各个地区之间的平衡发展，加强联盟的财政稳定。第二，保证联盟内部的竞争实力均衡。消费者偏好竞争实力均衡的比赛，这使得联盟在规则制定和制度设计中，始终围绕着一个主题——如何促使俱乐部竞争实力均衡。因此，经济实力、城市规模、城市人口数量等指标往往作为联盟授予特许权的标尺，从而促使俱乐部在加入联盟伊始就处于一个经济实力、城市规模、球迷基础大致相当的局面。第三，培养球迷的忠诚度以及维护球迷的利益。尽管职业体育完全竞争市场能够达到既增加产量又降低价格的作用，但主场特许经营权能够给球迷尤其是当地球迷带来好处，其中一个最主要的好处就是可以增强球队的相对稳定性。

法院判定主场特许经营权在两个层面具有反竞争作用：第一，赋予球队向球迷索要超过完全竞争条件下的球票价格的权利。第二，这种规则使得俱乐部无法自由进入另一支球队的"主场区域"，人为设置了进入门槛，限制了俱乐部之间的自由竞争；而对于那些意欲迁址的俱乐部而言，由于受到迁址限制，原本可以获得更高收益或更优惠的政策成为空中楼阁。

针对上述观点，从联盟层面设置一定的准入壁垒存在合理性。以NBA为例，美国洛杉矶斯台普斯球馆同时拥有两支NBA的球队——洛杉矶快船队和洛杉矶湖人队，对球迷而言，他可能更愿意去观看湖人队而不是快船队，这就使得湖人队拥有比快船队更大的市场支配力。这种支配力可能来源几个方面：第一，球迷可能就是偏爱篮球而非其他体育比赛，这就使得篮球队拥有较大的市场支配力。第二，湖人队1960年就迁移到洛杉矶，而且1948年就加入NBA的球队，至今获得了14次总冠军称号，球迷比较忠诚。1984年，快船队才迁移到洛杉矶，再加上快船队近几年仍然为获得季后赛的资格而苦苦挣扎，这些忠诚于湖人队的球迷不可能同时支持快船队，这使得湖人队拥有一定的市场支配力。

因此，对于一个俱乐部而言，它可以通过扩大现有的场馆设施，增加上座率；或在既有的场馆基础上适当提高门票价格；或者是雇佣更多的球员，以增加球队的获胜次数或获胜比例来获得更高的利润。但即便如此，俱乐部也不可能因为拥有主场特许经营权而肆意提高垄断价格或者扩大场馆规模。职业体育还具有其他一些特征，使得俱乐部无法获得一般垄断企业的高额利润，主要体现在两个方面：第一，职业体育市场边界的模糊性。在一个涉及NBA的案件中，伊利诺伊州的地方法院曾表示"职业篮球运动表演不与其他任何产品或服务相竞争。在消费者眼中，它是一种独特的娱乐形式，没有任何相近的替代品。它有自己的球迷，而且对于这些球迷来说其他产品和服务都不具备合理的可替代性。进而，对职业篮球的需求不受其他业余或职业体育运动或其他娱乐形式的存在的影响"。伦奎斯特（Rehnquist）法官则认为："NFL是制造职业橄榄球这一产品的联合企业，它在娱乐市场上同其他体育项目和其他娱乐形式相竞争……"第二，职业体育产品具有俱乐部物品的特点，当球迷达到一定数量时，就会导致拥挤，出现竞争性。而当设施规模扩大时，这个拥挤点也会相应地发生变化。

因此，针对一个城市只能拥有一个俱乐部和俱乐部不能自由迁移的理由，主场特许经营权能让俱乐部在该城市制定垄断价格，进而极大损害消费者利益的观点，从理论方面是合乎逻辑的，但从上面的分析中，显然是站不住脚的。

（三）主场特许经营权的利益相关者分析

伴随职业体育的发展，北美职业体育俱乐部的主场特许经营权也已历经百余年。联盟赋予俱乐部主场特许经营权，并不意味着俱乐部不能迁移，在职业体育发展初期，俱乐部往往因为门票收入较低而提请迁移，这些请求往往得到联盟绝大多数俱乐部的同意或一致同意而通过，资料显示，在1950—1982年，美国的四大联盟一共发生了78次俱乐部迁移事件。然而，随着职业体育联盟的声誉和品牌形象的提升，越来越多的城市意识到职业体育的主场特许经营权的功效，为了获得稀有的主场特许经营权，各个城市往往运用公共资金以修缮或新建体育场馆，来吸引俱乐部的入住或常驻。这就使得原本仅仅是因为财政困难才申请迁移的俱乐部，可能仅仅是为了获得更多的收益，比如更多的观众支持、崭新的场馆或优惠的政府扶持政策而向联盟提请迁移。显然，当迁移不影响大多数俱乐部的利益时，俱乐部往往会获得联盟的一致同意或大多数俱乐部的同意而迁移成功，但如果单个俱乐部的迁移，很有可能导致联盟联合收益下降时，各种限制俱乐部自由迁移的策略就应运而生了，由此引发了联盟与成员俱乐部之间、城市与联盟之间、俱乐部与城市之间，甚至是球迷与俱乐部、联盟之间的矛盾，使得主场特许经营权受到了诸多挑战与质疑。因此，有必要从主场特许经营权的利益相关者着手，分析得失，从而更合理地揭示主场特许经营权的本质含义。

1. 城市：明显的社会效应和模糊的经济效应

自20世纪50年代以来，越来越多的美国公共资金涌入体育场馆的建设中，据Miller（2007）统计，1990年，MLB的比赛均在寿命在34年左右的棒球场中进行，26支球队中仅有2支球队在建筑年限少于10年的场地里进行比赛。到了2002年，这些棒球比赛大都在建筑年限平均为24年的场地里举行，其中1/3的球队在10年或10年以下年限的场地举行比赛。到了2004年，有4支球队在崭新的场地里进行比赛。这些数据清晰地表明，越来越多的体育场馆得到了翻新，而这些场馆建设基金绝大多数来源于政府的公共基金。

虽然大多数球队为城市给它们建造的体育场馆设施支付了租金，但城市一般并不会从建造体育设施和租赁中获得利润，比如NFL的巴尔的摩乌鸦队根本就不用支付场馆租金；MLB的芝加哥白袜队每年象征性地支付1美元的租金。几乎没有球队支付的租金会超过其门票收入的10%，这就使得社会各界对政府是否应该运用这么多的公共资金以资助球队的发展提出了质疑。

由于联盟的规模会受到限制，但联盟或单个球队能够将主场特许经营权拍卖给那些渴望拥有球队的城市，价格时常会超过球队本身对获胜城市的价值，从而实现自身收益的最大化。这在一定程度上意味着主场特许经营权造成了一种社会成本，它使得只有较少的城市才能购买，而购买到这些主场特许经营权的城市往往支付了较高的价格。经济学家将这种悖论称为"赢家诅咒"——对城市而言，在竞争主场特许经营权中"获胜"实际上比它竞价失败还要糟糕。

对于那些支持运用公共资金的政客或俱乐部业主而言，一支球队可以带来的收益主要包括：第一，为体育馆和职业体育运动队创造了就业机会，在此过程中，那些得到工作的人会在该城市消费和纳税；第二，体育馆建设为当地经济带来了财富；第三，职业体育运动队会将其他生意吸引到该城市，更会带来其他地方的观光客，引导他们在城市消费；第四，球队会吸引地区性或全国性的媒体的注意，这会推动旅游业的发展，使本地工业能够将产品卖到其他城市，从而有利于整个地区的经济发展；第五，球队会产生积极的体育和社会效益，使人们对作为个体的自身或作为整体的城市都感觉良好，自豪感和社会凝聚力会随着球队地位的提升而不断提高。

Ortiz（2002）运用计量经济学的分析方法，收集1979—1999年美国四大职业体育联盟的相关数据进行研究，结果表明：城市为现有俱乐部新建一座篮球馆或曲棍球馆或吸引一支新的橄榄球队的入驻该城市，将对城市就业产生正向关联关系。

相比较而言，尽管实证数据较难获取，职业体育球队能提高一个地区或国家在更大范围内的政治关系中的声望，提高市民的认同感、归属感和团结感，强调与一个社区或社会中的主导意识形态相一致的价值和取向的作用则得到了大多数学者的认同。假如没有职业体育球队，恐怕没有人知道新泽西州的东卢瑟福有着全美最出名的体育区——梅多兰兹（Meadowlands）体育建筑群，最鼎盛的时候这里驻扎着五支大联盟球队——NBA的新泽西篮网队、NHL的新泽西恶魔队、NFL的纽约巨人队和喷气机队以及MLS的纽约红牛队。在欧洲，球队往往是社区关注和参与的焦点，球队不仅在地区中得到社区认同，也使得赛场成为镇上或地区中重要的社交场所，为维持个人对于群体的归属感提供了机会。因此，随着职业体育联盟和俱乐部影响力的日益扩大，职业体育球队为获得认可和声望的努力将成为城市参与职业体育建设的基础。实际上，随着城市化的发展，许多城市也都希望借助这个平台，能够跻身"世界一流"城市的行列，从而能够吸引更多的人到这个城市中生活、工作、投资和度假，从而最大限度推动该城市的发展。

2. 俱乐部：改善财政结构

在职业体育发展初期，职业体育联盟通过授予俱乐部主场特许经营权，有效维护了俱乐部在该地区的垄断势力，使得主要依赖门票收入的俱乐部的财政结构稳定。但随着新型城市和交通运输业的不断发展，原本由于主场门票收入不佳的情况提请迁移的俱乐部，如今提请迁移却是为了获得更好的财政支持。越来越多的城市通过修缮或新建体育场馆以挽留在位球队或吸引球队从其他城市搬迁过来，球队不仅可以免费试用，而且支付较少的租金就可以拥有这些公共设施的使用权，而且还可以从这些公共设施所附属的停车场、豪华包厢以及其他一些附属设施的经营和运作中获得更多的收益。因此，当球队拥有较多球迷支持或者在球迷害怕失去球队时，往往抛出一句话，那就是"要么给我造一座新的体育场馆，要么我搬迁到另一个城市"。尤其是20世纪50年代电视介入之后，电视转播权逐渐成为俱乐部的主要收入来源，俱乐部往往会为了获得更好的电视转播权而提请迁移。比如1957年，布鲁克林道奇队和纽约巨人队同时选择离开原来的城市，分别迁往洛杉矶和旧金山，它们所看重的正是西部尚未开发的新闻媒体市场。20世纪60年代中期，密尔沃基勇敢者队为开拓美国东南部的电视转播市场而再次迁移，这次的目的地是亚特兰大。因此，球队常常以迁移为杀手锏，要挟所在的城市答应它们提出的要求。

从1995—2005年美国4个职业体育联盟的10次俱乐部迁址案例中可知（见表3.2），俱乐部通过迁址实现了财政结构的改善。很显然，在城市和俱乐部的博弈中，俱乐部的数量是固定的，且处于要价地位，出价最高的城市则成为最后的赢家。

表3.2　球队原所在地和迁移后地点的特征比较

球队迁移	原所在地人口变化/人	球员人均收入变化/美元	竞争者加权平均票价变化/美元	平均上座率变化/%	预计由于地点变迁而产生的上座率变化/%
1995年,奥克兰突袭者队从洛杉矶搬迁至奥克兰	−7,779,313	8,592	6.61	30	59
1995年,洛杉矶公羊队从洛杉矶搬迁至圣路易斯	9,011,988	1,037	1.31	36	27

续　表

球队迁移	原所在地人口变化/人	球员人均收入变化/美元	竞争者加权平均票价变化/美元	平均上座率变化/%	预计由于地点变迁而产生的上座率变化/%
1995年,魁北克诺迪克队、科罗拉多雪崩队从魁北克搬迁至丹佛	1,231,414	12,096	7.14	14	8
1996年,克利夫兰布朗队、巴尔的摩乌鸦队从克利夫兰搬迁至巴尔的摩	351,250	1,017	2.71	1	31
1996年,温尼伯喷气机队、菲尼克斯野狼队从温尼伯搬迁至凤凰城	2,176,089	125	-1.89	16.5	6
1997年,埃德蒙油工队、田纳西泰迪队从休斯敦搬迁至田纳西	-3,063,440	562	1.91	31.5	31
1997年,英格兰捕鲸人队、卡罗莱纳飓风队从哈特福德搬迁至纳罗利	-404,868	-762	3.09	-41.5	-1
2001年,孟菲斯灰熊队从哈特福德搬迁至孟菲斯	-824,638	4,944	-21.51	1	26
2002年,夏洛特黄蜂队从夏洛特搬迁至新奥尔良	31,814	588	2.07	20.4	23
2004年,蒙特利尔博览会队、华盛顿国民队从蒙特利尔搬迁至华盛顿特区	1,641,868	23,161	-2.18	45	69

资料来源：Henrickson K E. Spatial competition and strategic firm relocation [J]. Economic Inquiry, 2012, 50(2): 364-379.

3.联盟：垄断和联合收益最大化

尽管联盟是由俱乐部组成的，但联盟与俱乐部在经营决策方面存在目标差异，联盟追求俱乐部联合收益最大化，而俱乐部追求个人收益最大化。当俱乐部为了个人收益最大化而提请迁址时，在不违背联盟联合利益最大化的前提之下，容易获得联盟成员的一致同意。但如果俱乐部的决策影响到联盟的联合利益时，联盟与俱乐部就会出现矛盾和冲突，这种利益冲突在电视转播权逐渐成为联盟和俱乐部收益的重要组成部分时尤为突出。倘若从大市场迁移到小城镇，尽管该俱乐部能够获得更多的财政支持，但对于整个联盟而言，该俱乐部的迁移将导致收视率大幅下降，从而最终影响联盟的整体收益。

联盟通过主场特许经营权的设置，限制俱乐部的数量和位置，从而实现其垄断作用。在北美各个职业体育联盟的发展历史中，联盟的规模曾一度维持在一个稳定的状态。比如从1903年开始，MLB由AL和NL共同组成，在此后的近60年间，两个联赛均拥有8支球队，之后，每个联赛都经历了缓慢的持续扩张，具体表现为：AL于1961—1968年扩张为10支球队，1969—1976年为12支球队，1977至今一直为14支球队；NL于1962—1968年为10支球队，1969—1992年为12支球队，1993年至今一直为16支球队。

联盟通过限制俱乐部规模实现收益的最大化。正如奥尔森在《集体行动的逻辑》中指出，在一个集团范围内，集团收益是公共性的，即集团中的每一个成员都能共同且均等地分享它，而不管他是否为之付出了成本。集团收益的这种特性使得集团的每个成员都想"搭便车"，坐享其成。集团越大，分享收益的人越多，为实现集体利益而进行活动的个人分享的份额就越小。继而，奥尔森还对集体利益做了区分，具体有两种：一种是相容性的，另一种是排他性的。从职业体育的发展中看，这两种利益同时存在，当联盟寻求反垄断豁免时，比如集体销售电视转播权时，俱乐部和联盟就构成相容性集团，在追求这种利益时是相互包容的，也就是所谓的"一损俱损，一荣俱荣"。而当联盟通过限制俱乐部数量或者限制俱乐部迁移时，联盟与俱乐部就成了利益排他性集团。但无论处于何种状况，集团成员的"搭便车"行为仍然存在，为了解决集体与个人之间的利益关系问题，奥尔森教授设计了一种动力机制——有选择性的激励，也就是"赏罚分明"，对于那些为集团利益的增加做出贡献的俱乐部，除了能正常获得部分集体利益之外，还有额外的收益，如额外的奖金、红利和荣誉等；而惩罚就是制定出一套使俱乐部行为与集体利益相一致的规章制度，一旦某个成员违背，就对之进行罚款、通报批评、开除，甚至法办等。这就要求联盟与俱乐部之间对于收益分享进行有效的设计。

此外，由于新球队减小了它最近的地理市场，并且在与它们目前的主场城市谈判时降低了现有成员运用那个城市作为议价筹码的能力，这就给予成员球队紧紧控制球队位置和数量的动力。球队之间分享的收入越多，联盟从阻止球队自行选址中获得经济效益越大，球队进行可靠再定位的威胁就越多。当俱乐部成员平分这些收益时，它们就最有动力去确保全部球队的利润最大。

4. 球迷：忠诚度的考验

如何创造和培养忠诚的球迷，一直是职业体育联盟和俱乐部经营管理者孜孜不倦追求的目标。因为，培养忠诚的球迷可能会出现两种结果，一种结果是这些球迷的价格敏感性较弱，这些为了长远目的而坚守一个球队的球迷更有可能是赛季票的持有者或购买个人特许座位权的人；另一种结果是这些球迷可能会降低对结果绩效的敏感性。也就是说，这些球迷更能容忍成绩不佳的赛季或球队在赛季中排名的下降，增加球队的认同感，始终和球队站在一起，不离不弃。

显然，俱乐部的迁移对这些球迷的伤害是巨大的，这也是联盟否决俱乐部迁移计划的主要原因之一。正如当美国克里夫兰布朗斯队要迁移到巴尔的摩时，布朗斯的球迷们举行抗议活动和提出诉讼想尽办法阻止该球队迁移。因为这次迁移事件，克里夫兰布朗队的很多男性球迷处于一种疯狂状态，75%的心理疾病者在治疗过程中谈论的话题就是橄榄球和橄榄球队的迁移。然而，也并非所有的球迷都是这样的。由于球迷对球队、组织甚至活动等方面的专注程度不同，也可能会出现当俱乐部迁移时，很少有球迷会受到伤害的情况。

不过，随着职业体育越来越从一种纯粹的娱乐活动转变为一种商业活动，球迷对俱乐部的忠诚度也在发生转变，越来越多的球迷关注的是球队"获胜"，而不是"我的球队"，一旦这些活动无法满足消费者时，这些关注球队"获胜"的球迷就会立刻转向其他一些娱乐活动。随着职业体育的全球化发展，再加上媒体与职业体育的密切接触，越来越多的球迷能够接触到全世界的赛事和球员，也在一定程度上影响到球迷对本地球队的忠诚度和认同感，当国际球迷越来越多时，俱乐部是否迁移的影响就无关紧要了。

（四）主场特许经营的最佳规模

截至今日，北美4个职业体育联盟的规模都达到了30支左右（NFL拥有32支，其他3个联盟各拥有30支俱乐部）。在20世纪60年代以前，每个联盟大多维持在8～10支俱乐部，此后，联盟的规模得到了快速的扩张和发展。相比较而言，MLB是发展时间最长的联盟，也是规模扩张较为缓慢的联盟，而最后出现的NHL则实现了较快的数量扩张。欧洲不同国家顶级足球联赛中的俱乐部的数量存在很大的差异，从14支到20支不等。而且在联赛发展历史中，不同国家联赛的俱乐部数量发生了一定变化，比如英超从22支降为20支，德甲则在过去的40年里一直保持18支队伍；西甲和意甲则将它们的队伍从16支扩充到20支，则在过去的40年间，法甲球队数量在18到20支之间波动。

联盟到底拥有多少支俱乐部为佳？不同的学者从不同的视角给出了不同的答案。基于Buchanan(1965)的俱乐部理论，Vrooman(1997)和Szymanski(2003)研究指出，对于一个垄断的职业体育联盟，各个俱乐部共同决定联盟的规模以及联盟的整体收益是否在所有俱乐部中平均分配，在这样的决策下，联盟的规模必定会小于社会最佳；Kahn(2007)在两种收入假设前提下（所有收入完全来源于本地收入和所有收入来源于平均分配的电视转播权）分析了完全竞争、社会最佳和垄断3种状态下的联盟。

研究结果显示，当收入全部来源于本地收入时，社会最佳联盟的规模与垄断联盟的规模相当；而当收入全部来源于平均分配的电视转播权时，最佳

联盟规模将大于垄断联盟规模，与完全竞争联盟规模更接近。Sanghoo Bae 和
Jay Pil Choi（2007）则基于 Salop 的环形城市模型，分别探讨了俱乐部的两种
合作行为：一是俱乐部之间的完全合谋，共同决定联盟的规模和定价；二是
俱乐部之间的不完全合谋，仅仅是共同决定联盟的规模，由俱乐部自己定价。
研究结果显示，由于不完全合谋行为时，联盟无法决定实施定价，它必须给
俱乐部一个充分的价格空间，所以不完全合谋联盟的规模要小于完全合谋的
联盟；而在完全合谋的联盟中，由于其策略选择是基于边际消费和固定成本
的，相比于社会最佳联盟是基于消费者的平均盈余而言，完全合谋联盟的规
模要比社会最佳联盟的规模要大，这将导致联盟要通过更多的成员来获得联
合收益的最大化。

　　显然，联盟是否扩张取决于以下几个因素：新俱乐部所带来的收益期望、
新增俱乐部所需的额外成本以及对在位俱乐部收益的影响。新增俱乐部可能
会增加收入，因为它吸引了新的球迷；对于联盟而言，它可能扩大了联盟的
影响力和提高了知名度，但也可能使得联盟的管理成本上升；对于在位俱乐
部而言，它可能导致在位俱乐部的收益下降。这是因为：一是新增俱乐部附
近的球迷会去看新增俱乐部的比赛，而不是现有俱乐部的比赛；二是新增一
个俱乐部可能使联赛的整体质量降低（比如：人才的过于分散将造成每场比
赛质量下降）。由此而言，作为一个追求利益最大化的联盟，只有当扩张获得
的收益超过现有俱乐部联合收益时，俱乐部才会通过投票原则同意扩张，否
则，联盟是不会允许扩张的，即使从整体上看联赛可能是受益的。比如对于
NFL 而言，扩张将意味着收视率的提高，但也会导致每个俱乐部按照比例分
配的转播收益减少。此外，作为联盟的总体发展战略，联盟也会考虑通过减
少俱乐部数量来要求政府对比赛场馆的补助而获得一定的垄断利润。

　　五、升降级制度

　　升降级制度，作为职业体育俱乐部球队进入职业体育产业的一种标准，
存在于世界上许多国家的许多项目中。衡量职业体育俱乐部球队能否升降级

的标准主要依赖于球队在球场上的表现，也就是说，低联盟联赛中的优胜球队可以升级到高一层级的职业联盟，而高层级联盟联赛中排名最后的球队会被降级到低一层级的联盟中。而这些运动项目的联盟往往呈现垂直层级的管理结构，每一个低层级的球队通过努力都有机会进入高层级联赛。

升降级制度的实行，使得每个层级联盟的内部俱乐部成员数发生相应的改变，从表面上看，升降级制度赋予俱乐部自由进入联盟的权利，任何一支低层级的球队，只要有足够的财力、实力和运气，就可以从低层级晋升到高层级。然而，从实际情况看，很少有俱乐部可以从最低层级一路飙升到最高层级。此外，尽管没有对俱乐部的进入进行过多限制，但新成立的俱乐部只能首先进入低层级联赛，通过竞争才可能提升级别，这在一定程度上还是体现了一定的约束性和限制性。比如1888—2001年，英国至少有127支球队加入过四大联赛，有两支球队被合并，在103个赛季中，有33支球队进入到联盟中，平均不到3年就有1支球队进入。从这点可以看出，尽管球队可以自由进出，但实际进出的球队还是偏少的。尤其是在1932—1950年，没有任何球队进出，此时的联盟类似于封闭式联盟。而能够升级到英乙联盟或从英乙联盟中降级，往往取决于赛场上的成绩、球队财政状况以及球队所在地的需求情况，也就是说，并非赛场上成绩最差的球队会降级（Noll，2002）。而一个国家中某个单项职业联赛往往都具有多个层级，每个层级又拥有多支俱乐部，这就使得竞争联盟的生产失去了可能性。

因此，作为职业体育市场常采纳的一种制度安排，它具有怎样的作用机理？对竞争实力均衡又具有怎样的影响？本节将主要借鉴案例分析的方法给予分析和论证。

（一）升降级制度的作用机理

从竞争角度而言，升降级制度无疑是一种有利于竞争的制度安排。对于职业体育产业而言，升降级制度使得俱乐部能够自由进出，既不需要支付高额的准入费用，也不需要在位俱乐部的同意，只要符合一些基本要求，俱乐部就可以进入到职业体育产业中，只要在赛场上的成绩足够好，这支俱乐部就可以从低层级的联盟中上升到高层级联盟中。

这就使得在升降级制度的安排下，每个俱乐部要支付更多的努力，其直接表现在球队质量的提高方面。无论是为了获得升级的机会还是为了避免降级，球队都必须通过购买更好的球员、教练员来提高其自身的竞争实力，从而不仅提高了球队自身的绝对质量，也提高了球队的相对质量（与竞争对手相比较）。每支球队的努力程度提高，球队质量得到改善，则球队的需求市场就得到扩大。拥有升降级制度的职业体育，其最典型的管理特征就是层级管理，位于最高层级的职业联赛云集了实力最强的俱乐部，其联赛的精彩程度，对观众的吸引力，企业、媒体的关注度无疑是最高、最大的，这对于有条件升级的低层级俱乐部而言，具有巨大的、正的外部效应，一旦进入高层级联盟中，无形之中就提升了俱乐部的知名度，降低了广告成本，而且，与更强的竞争对手竞争，将直接刺激和拉动市场需求。因此，升级对最好的球队而言，将有力地刺激需求。同样，对于最差的俱乐部而言，为了保持现有的联赛地位，俱乐部需要支付更多、球员需要投入更多的努力。在同样有可能面临降级球队之间的竞争之中，比赛将变得精彩、激烈，同样备受消费市场的青睐。

升降级制度有利于激励球队，但无益于收入分享制度。无论是为了获得升级名额还是为了继续维持现状，俱乐部必须提高产出质量，最主要的就是雇佣优秀的球员，尤其是比竞争对手能够雇佣到更多、更好的球员，这必将导致球队成本的递增，尤其在球员供给弹性联盟中，采取升降级制度的联盟的球员工资支出会增加。因此，对于富有的俱乐部而言，它不愿意和落后的俱乐部分享收益。这主要有两个原因：第一，对于许多欧洲职业足球俱乐部而言，即使是国内最高层级联赛的冠军或最富有的俱乐部，它还将参加欧洲层面的国际比赛，因此，富有的俱乐部不愿意将其收益进行分享；第二，对于层级管理的职业体育联盟，即使最差的俱乐部破产或降级，也仍然会有新的俱乐部进入和参与竞争，也就是说，层级管理体制保证了竞争对手的连续性。而不像北美职业体育联盟一样，弱小俱乐部的破产或倒闭往往会影响联盟的稳定和发展。由此不难理解，为何在英国的足球俱乐部之间会出现巨大的收益差距，不同层级之间、层级内部各个俱乐部之间，收益差距是巨大的。比如1998—1999赛季，英超联赛收入最高的俱乐部是英冠联赛收入最高的俱乐部的4.61倍，是英甲联赛的8.71倍，是英乙联赛的54.29倍；在同一个层级中，英超联盟最富有的俱乐部与最贫穷的俱乐部之间的差距达到8.25倍，英冠联赛中的差距达到10.60倍，英甲联赛达到10.24倍（见表3.3）。

表3.3   1998—1999赛季英国职业足球联赛的收入差距   单位：千英镑

收入	英国超级联赛	英冠联赛	英甲联赛	英乙联赛
最高收入	110,920	24,078	12,731	2,043
最低收入	13,448	2,271	1,243	702
最高收入/最低收入	8.25	10.60	10.24	2.91

资料来源：Noll R G. The economics of promotion and relegation in sports leagues: The case of English football [J]. Journal of Sports Economics, 2002, 3(2): 169-203.

由此可见，升降级制度是一种奖励优者、惩罚弱者的符合自由竞争规律的制度安排，这必将导致俱乐部之间的竞争更为激烈，为了能够上升到更高层级或者仅仅是为了维持现有的联赛地位，避免被降级到更低层级的联赛中，俱乐部需要付出更多的努力。但这项对球队努力程度有积极影响的制度安排，对于联盟收益分享的帮助不大。升降级制度能够促进球队质量的改善，但由此会带来高额的球员工资支出。高竞技水平俱乐部云集在高层级的联赛中，促进了高层级联盟的竞争实力均衡，但由于还有欧洲层面的联赛和世界层面的比赛，每个国家的职业足球俱乐部逐渐形成寡头或双寡头垄断的局面，又在一定程度上破坏了竞争实力均衡，导致俱乐部之间的收入差距日益扩大。因此，当联盟成员制定联盟政策时，会根据俱乐部的目标函数来制定相应的政策，当俱乐部对获胜概率的敏感程度较高时，联盟适宜采纳开放式的竞争模型，反之，则适合采纳封闭式的竞争模型（Szymanski & Valletti, 2005）。

（二）升降级制度与俱乐部财政的关系

在过去的十几年，高额的电视转播费用、热情高涨的观众、大笔的赞助费用和更职业化的销售规划，使得欧洲职业体育俱乐部的收益日益高涨。但与此同时，财政危机出现在欧洲的各个联盟，球员高额的工资、罢工以及降级的威胁使得俱乐部过度投资，最终导致许多俱乐部负债累累，甚至濒临破产，比如意大利甲级佛罗伦萨俱乐部在2002年破产，2004年4月，法院宣判帕尔马俱乐部破产，负债30亿英镑；英格兰的利兹联俱乐部也面临着同样的危机；在西班牙，巴塞罗那足球俱乐部和比伦西亚足球俱乐部均负债25亿英镑和12.5亿英镑（Helmut M. Dietl，Egon Franck，Markus Lang，2005）。

如何解释这种"收入递增和利润下降的悖论"？对绝大多数职业体育俱乐部而言，所有者往往会雇佣职业经理人管理球队。对职业体育所有者而言，他是委托人，将球队委托给俱乐部总经理进行管理和经营，对俱乐部总经理而言，他的努力往往是通过球场上的成功来体现的，而要获得球场上的成功，俱乐部经理就有过度投资的动机。Michie 和 Oughton（2004）的研究显示，在英超中，工资支出和联赛（用每个俱乐部的得分衡量）表现出显著的正向关联关系。由此可见，尽管俱乐部的获胜可能会带来高额的利润，但为了获得赛场上的胜利，俱乐部必须雇佣更多优秀的球员，而收入递增和利润下降也就不足为奇了。而对于欧洲联盟中的俱乐部而言，除了有在本国职业联赛中获得冠军这个激励之外，还存在一个外生的激励措施，优胜者可以参加欧洲层面的联赛，这就使得欧洲职业足球俱乐部都有过度雇佣球员的动机，从而导致俱乐部的成本递增，利润下降。

尽管低层级联盟俱乐部总是孜孜不倦地追求升级，但升级并不一定能够带来收益的递增。对俱乐部而言，它们一般拥有两个市场：本地市场和国家市场或国际市场。俱乐部在本地层面通过出售比赛门票、特许产品，向本地新闻媒体出售电视转播权、冠名权等无形资产，接受赞助等方式来获得本地收益；俱乐部在国家层面主要通过出售电视转播权、特许产品，接受赞助、收取冠名费等形式获得收益。无论哪个层级的市场，球队的产出主要依赖于球队的绝对质量、相对质量、俱乐部所在市场规模大小以及球队的历史和传统。在其他条件保持不变的情况下，位于一个人口更多、需求更旺盛的市场的球队，往往能够获得更多的收入。因此，假如一支位于大市场的球队降级，而一支位于小市场的球队升级的话，则有可能导致联赛总收益的下降。Noll（2002）认为，升降级会降低联赛的总收入。他认为，在一般情况下，从低层级升级的球队比从原高层级降级球队的水平和能力要更弱，从而使得高层级联赛球队之间的竞争实力更为悬殊，促使比赛结果变得可预见，从而降低了消费者的消费预期。而对于一支降级的球队而言，降级到下一个层级并不意味着收入一定很差。从 Noll（2002）的研究数据中可知，英冠联赛的多家俱乐部的收益要远远高于英超联盟的低收入俱乐部，平均达到了 1.5 倍（见表3.4）。因此，对于一支处于富裕市场的英冠联赛的球队而言，升级并不意味着收益的增加。

表3.4　不同层级职业联赛俱乐部的收益比较分析

赛季	英冠联赛球队的最高收入/千英镑	英超联赛球队的最低收入/千英镑	低层次联赛最高收入/高层次联赛最低收入	球队数量（差距范围内）	
				英冠联赛/个	超级联赛/个
1994—1995	7,565	5,189	1.457892	3	4
1995—1996	10,450	5,874	1.779026	5	6
1996—1997	12,727	9,238	1.377679	2	4
1997—1998	18,825	12,520	1.503594	4	5
1998—1999	24,078	13,448	1.790452	1	9

资料来源：Noll R G. The economics of promotion and relegation in sports leagues: The case of English football [J]. Journal of Sports Economics, 2002, 3(2): 169–203.

从竞争角度而言，升降级制度无疑是一种有利于竞争的制度安排。只要符合一些基本要求，俱乐部就可以进入到职业体育产业中，只要在赛场上的成绩足够好，这支俱乐部就可以从低层级上升到高层级。但这仅仅是一种理论假设，在实践上很少有球队可以从最低层级上升到最高层级。采取升降级制度的联盟，往往是垂直层级管理体制，竞技水平由高到低分成若干层级，俱乐部则在不同层级之间流动，每个赛季每个层级俱乐部的成员会发生改变，但不会存在竞争联盟的威胁。

升降级制度能够有效地促使俱乐部加大投资，但极容易导致联盟的竞争实力失衡。由于每一个球队都试图在赛场上获胜，或是为了获得升级名额，或是为了避免降级，俱乐部均存在过度投资球员的动机，而赛场上的零和博弈则又像是根导火线，引致各个俱乐部球员雇佣的军备竞赛，这就不难理解采取升降级联盟的"收益递增而利润下降"的悖论。

第四章　职业体育联盟竞争实力均衡的实证研究

　　自北美学者 Rottenberg（1956）首次提出"比赛结果的不确定性是吸引观众持续关注比赛的核心"观念以来，现场观众与结果不确定性假设之间的验证受到了众多学者的青睐。职业联赛管理者则时常运用此假设作为其重新配置资源的各种机制设计的核心，以及反驳抨击机制合理性的主要依据，比如关于联赛国家层面电视转播权的集中销售制度、工资帽制度、倒摘牌制度等。比赛结果不确定的假设思想是显而易见的，其中蕴含着三个基本假设（Szymanski，2003）：假设一，资源的不均衡分布将导致不平等的竞争（比如优秀的球员更愿意到大城市俱乐部，富有的俱乐部则将招募到更优秀的球员和教练员）。假设二，球迷的兴趣将随着比赛结果的确定而下降。假设三，联赛的管理者通过一些重新配置资源的策略，实现俱乐部之间的竞争实力均衡，从而改善和维护比赛结果不确定性。

　　尽管上述三个假设从表面上看不存在任何问题，但在欧洲职业体育的发展实践中却展现了诸多不同的地方，比如欧洲各国足球联赛的竞争实力均衡并没有得到多大的改善，但现场观众却持续的增加，尤其是20世纪80年代以来的德国甲级和英国超级足球联赛。此外，德国拜仁慕尼黑俱乐部公开反对德国甲级足球联赛关于促进资源重新配置的各种机制；意大利则取消了对集中销售电视转播权的限制，允许各个俱乐部自由出售其电视转播权（Leif Brandes，2007）。研究者还采用 Granger 检验（格兰杰因果关系检验）分析竞争实力均衡与观众之间的因果关系，结果表明在不同的国家、同一国家不同层级联赛中这种因果关系呈现较大的差异性，比如德国甲级联赛的现场观众对竞争实力均衡具有显著的影响，反之却不其然，在下一个赛季中现场观众增加了，竞争实力均衡却下降了；同样的结果出现在意大利的甲级足球联赛中，但对法国足球联赛的研究则显示，现场观众能够促进竞争实力均衡，竞争实力均衡也能促使现场观众增加。

第一节　基于NBA联盟横截面数据的实证分析

Schmidt 和 Berri（2001）基于棒球比赛需求函数的观众研究发现，现场观众数量主要和票价相关联的球票价格、球队质量、球队所在城市的人口和收入有关。在考察篮球比赛时，也主要考虑这几个方面，主要变量如表4.1所示。同所有其他比赛一样，决定NBA现场观众数量的主要因素是球队的质量，主要用两个变量加以描述：俱乐部获胜百分比和俱乐部总支出（俱乐部要提供高水平、高质量的队伍，主要的策略就是雇佣最优秀的运动员，这必然带来俱乐部总支出的增加，见表4.2），截面数据分析结果如表4.3所示。

因此，根据已有的文献，以及正态性假设检验和数据的非线性转换，[1]构建NBA现场观众的需求函数方程式为：

$$\ln att = \alpha_0 + \alpha_1 cap + \alpha_2 win + \alpha_3 price + \alpha_4 \ln pop + \alpha_5 income + \alpha_6 cost + u$$

表4.1　变量定义

变量	名称	符号	变量含义
被解释变量	现场观众人数	att	lnatt
解释变量	俱乐部门票价格	$price$	game price
	俱乐部获胜百分比	win	win percent
	俱乐部总支出	$cost$	cost

---

[1] 因为许多的统计程序只有在变量服从正态分布时才能工作得最好。因此，在进行模型构建之前，对采纳的变量进行正态性假设检验，对不符合正态性的变量进行数据的非线性转换，使得那些偏态分布更加对称，从而符合正态性要求。劳伦斯·汉密尔顿. 应用 STATS 做统计分析[M]. 重庆：重庆大学出版社，2008.

续　表

变量	名称	符号	变量含义
解释变量	俱乐部所在城市人口数量	*pop*	lnpop
	俱乐部所在城市人均收入	*income*	per-capita income
	体育场馆容量	*cap*	capacity

表 4.2　NBA 观众人数及基本情况的描述性统计

变量	观测值	平均数	标准差	最小值	最大值
att	30	726954	79729.63	600836	908600
win	30	0.4999667	0.1322809	0.268	0.817
cap	30	19658.5	1164.294	17248	22076
pop	29	5222289	4877420	1095362	1.89e+07
income	29	43340.9	6799.619	33845	60983
cost	30	109.35	28.29485	80.8	238.2
price	30	48.82633	14.1439	24.58	89.24

表 4.3　截面数据分析结果

Source	SS	df	MS			观测值总数=29
						$F(6, 22) = 8.57$
模型	0.04431577	6	0.007385962			Prob > F = 0.0001
残差	0.018951639	22	0.000861438			R^2 = 0.7005
						调整后的 R^2 = 0.6188
总	0.063267409	28	0.00225955			Root MSE = 0.02935
观众人数	系数	标准误	*t*	P>*t*	[95% Conf.	Interval
所在城市人口	−0.0344474	0.0265374	−1.30	0.208	−0.0894827	0.0205879
场馆容量	0.0000151	5.47e−06	2.76	0.011**	3.75e−06	0.0000264
所在城市人均收入	1.83e−06	1.13e−06	1.62	0.119	−5.09e−07	4.17e−06

续　表

获胜百分比	0.2747821	0.0483545	5.68	0.000***	0.174501	0.3750632
门票价格	0.0020121	0.0006512	3.09	0.005***	0.0006617	0.0033625
俱乐部支出	545.2388	271.4932	2.01	0.057*	−17.8036	1108.281
常数	5.424864	0.1668923	32.51	0.000***	5.07875	5.770977
$R^2=0.7005$	调整后的 $R^2=0.6188$					

注：*表示在10%水平上显著；**表示在5%水平上显著；***表示在1%水平上显著。

　　该模型是否正确，还有赖于对模型的回归诊断。对上述模型进行遗漏变量检验和异方差性检验，结果显示，在这个模型中不存在遗漏的选项，也拒绝了该模型异方差的虚无假设；对模型的共线性问题，采纳方差膨胀因子进行分析，最大的方差膨胀因子仅为2.84[①]，这说明各个变量均独立于其他变量，不存在模型的共线性问题。

　　在获得一个可接受的模型之后，要对模型进行缜密的分析。从模型结果看，获胜百分比、门票价格与观众人数之间呈现显著的正向关联关系，用经验数据验证了赛场上的成功与观众人数密切相关。与已有研究不同，NBA的门票价格和观众人数成正向关联关系，也就意味着门票价格的上涨将导致需求的增加，这意味着篮球比赛属于一种需求缺乏弹性的商品。现场观众对篮球比赛缺乏弹性，第一，可以归因于球迷的忠诚，一个忠诚的篮球球迷很少会为了门票价格的变动而改变自己的偏好，此外，与其他商品不同，对一个忠诚的篮球球迷而言，篮球比赛具有较高的不可替代性；第二，NBA管理者通过区域的垄断权，赋予俱乐部主场垄断权，也使得俱乐部在当地不存在竞争对手，在供给方面不存在替代者；第三，对于喜爱体育运动的美国人而言，到现场观看篮球比赛就好比是必需品，已经深深地融入了每一个美国人的心中。

[①] Chatterjee、Hadi和Price(2000)建议用以下条件作为多元共线性存在的判断标准：(1)最大的方差膨胀因子大于10；(2)平均的方差膨胀因子大于1。劳伦斯·汉密尔顿.应用STATS做统计分析[M].重庆：重庆大学出版社,2008.

场馆的容量和俱乐部的总支出对观众人数具有一定的影响，对于职业体育而言，现场观众人数不可能无限扩张，它受到场馆容量的约束，因此，随着联赛声誉的提升，改建、新建场馆以实现场馆容量的变更，可以满足更多观众的需求。NBA俱乐部总支出的增加，意味着将雇佣更好的球员，从而能够在赛场上获得更好的名次，同时，球员本身也能带来观众的追捧。

此外，俱乐部所在城市的人口数量和人均收入对俱乐部的收入具有一定的影响，收入与观众人数之间呈现正向关联关系，而人口数量与观众人数呈现负向关联关系。这个结果可能与采纳的俱乐部城市人口的数据有关，在统计分析中，俱乐部所在城市人口的数据采纳以大都市统计区（metropolitan statistic area）为标准，因此，出现负向关联关系也是很有可能的；负向关联关系也可能意味着运用俱乐部所在城市人口衡量观众数量可能不够准确，一个拥有更多人口的城市不一定意味着球迷就很多，往往在一个较小的区域，城市人口不多，但可能绝大多数都是球迷。大区域往往聚集着多个联盟的球队，不同联盟之间存在一定的可替代性，而对于小区域来讲，往往只有一两支俱乐部入驻，反而使得现场的球迷要多于大区域。

第二节　基于NBA联盟时间序列数据的实证分析

通常情况下，比赛结果的不确定性存在三个层面：单场比赛的结果不确定性、单个赛季比赛结果的不确定性、多个赛季比赛结果的不确定性。显然，单场比赛维度是最根本也是最核心的，假如单场比赛结果是不确定的，那么单个赛季和多个赛季的比赛结果也将是不确定的。

为了更深入地揭示观众人数与竞争实力均衡之间的关系，本书采纳时间序列数据，研究两者之间的关系。竞争实力均衡主要借鉴HHI进行衡量。为了进一步说明竞争实力均衡的影响，我们不仅检验每个赛季HHI和$dHHI$对观众人数的影响，而且以获胜百分比为基础，运用简单移动平均法进行换算，分别计算出连续3年和5年的*HHI*平均值（*HHI*3、*HHI*5）和*dHHI*值，从而模拟竞争实力均衡与现场观众之间的关系（见图4.1）。这种换算基于这样一种逻辑思路：对一般球迷而言，他可能不太关注单个赛季的竞争实力均衡，但可能会关注多个赛季的竞争实力均衡。

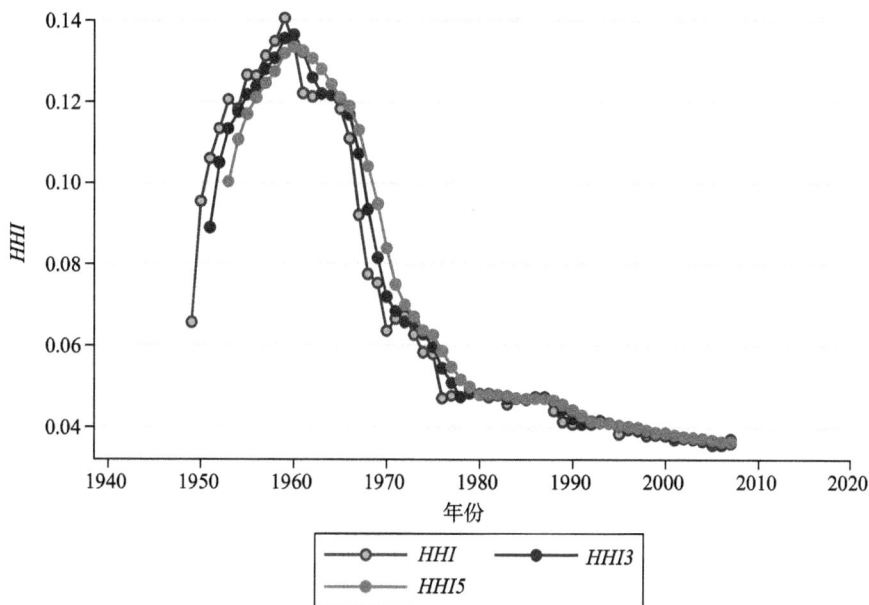

图4.1　美国职业篮球*HHI*值

从图4.1中可知，NBA的*HHI*从1949—1959年持续上升，在1959年达到了最高值，意味着1959年竞争实力最不均衡；随后，NBA的竞争实力均衡状态得到了改变，到1966年，均衡值已经降到0.09217，1976—1994年，*HHI*维持在0.04以内，1995年下降至0.038389。从NBA的发展历程看，竞争实力出现逐渐不均衡然后到逐渐均衡的发展过程，这与持续上升的观众人数无疑是相互匹配和相互呼应的。由此可知，在NBA的发展初期，竞争实力呈现非均衡状态，即便是3年或5年的移动平均值，也解释了早期联赛竞争实力均衡的不稳定性，1959年之后，联赛的竞争实力逐渐稳定，并逐渐呈现均衡状态。竞争实力最均衡的联赛依次出现在1955年、1956年、1976年、1978年，最不均衡联赛出现1952年和1959年。

　　HHI值显然无法揭示球队数量的变化情况。纵观NBA的球队变化数量可以发现（见图4.2），球队数量呈现频繁变化的趋势。在发展初期的前6年，经历了4次萎缩期，球队数量从17支降到8支；从1960年开始至今，NBA经历了12次的扩张，球队数量从8支逐渐发展到30支。[①]因此，在考虑联赛的竞争实力均衡时，球队数量的变化是需要考虑的。将HHI与理想的HHI进行比较，得出每个赛季的dHHI值，能够综合考虑球队数量变化的影响。

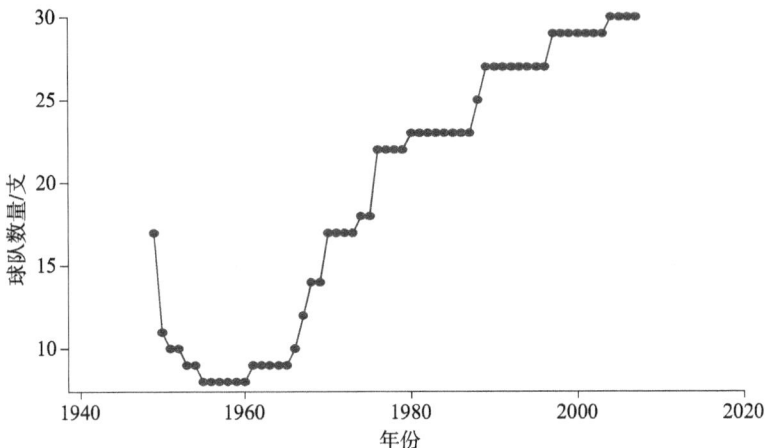

图4.2　NBA历年球队数量变化

　　从观众人数这张图（见图4.3）可知，除了1998赛季观众人数出现了异常，其他赛季观众人数均呈现递增的趋势，而且自20世纪80年代以后，NBA观众人数增加的幅度远远超过前面的几十年。那么，这两者之间是否存在关联关系？本书采集1949—2007共60个赛季的HHI、dHHI与观众人数，运用时间序列的分析方法，验证这二者之间是否存在关联。

[①] 萎缩年份分别是1950年、1951年、1953年、1955年；扩张年份分别是1961年、1966年、1967年、1968年、1970年、1974年、1976年、1980年、1988年、1989年、1997年、2004年。

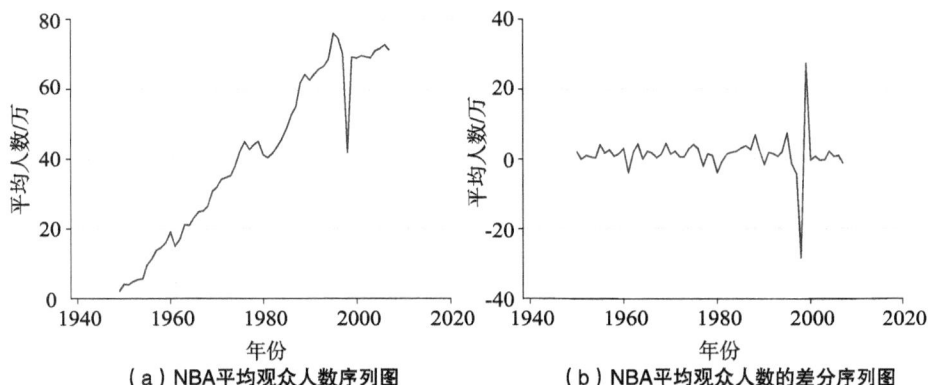

（a）NBA平均观众人数序列图　　　　（b）NBA平均观众人数的差分序列图

图4.3　NBA平均观众人数序列与差分序列

　　自从Box和Jenkins（1970）发表专著《时间序列分析：预测和控制》，对于平稳时间序列数据，提出自回归移动平均模型以及一整套的建模、估计检验、预测和控制方法以来，这一领域吸引了许多方面的专家学者对其理论与方法进行深入研究。在预测方面，这种单一变量，只有少量参数的模型表现往往比大型的宏观经济模型要好。但是，由于时间序列数据常常有一个随时间不断增长的确定性趋势，这就有必要在做回归分析之前验证变量是否具有平稳性，否则基本的t、F、x^2等检验都不能使用，必然引起谬误回归，得出两个时间变量间的错误相关关系。因此，在进行时间序列分析之前，分析序列的平稳性是非常重要的。通常情况下，采用差分方法可以消除序列中含有的非平稳趋势，使得序列平稳后建立模型，但这种变换同时也带来新的问题，那就是有时候变换后的序列不具有直接的经济含义，使得转化为平稳序列后所建立的时间序列模型不便于解释。1987年Engle（恩格兰）和Granger（格兰杰）提出的协整理论及其方法，为非平稳序列的建模提供了一种途径。虽然一些经济变量的本身是非平稳序列，但是，它们的线性组合却又可能是平稳序列。

　　因此，首先，必须对这些序列进行一阶单整检验。选择不含截距项和趋势项对原序列和一阶差分序列分别对$AVATT$（平均观众人数）、HHI、$HHI3$、$HHI5$、$dHHI$这5个序列做ADF检验。检验结果如表4.4所示，可以看出，这5

个序列均为 I（1）序列，满足协整检验的前提。

表 4.4 序列 $AVATT$、HHI、$HHI3$、$HHI5$、$dHHI$ 的单整检验结果

变量	差分次数	(C,T,K)	ADF值	10%临界值	5%临界值	1%临界值	DW值	结论
$AVATT$	1	$(0,0,0)$	−4.429***	−3.175	−3.492	−4.132	2.05	I(0)
HHI	1	$(0,0,1)$	−1.716*	−1.610	−1.950	−2.617	2.15	I(1)
$HHI3$	1	$(0,0,1)$	−2.817***	−1.610	−1.950	−2.618	1.19	I(1)
$HHI5$	1	$(0,0,1)$	−3.482***	−1.610	−1.950	−2.619	1.31	I(1)
$dHHI$	1	$(C,T,0)$	−3.826**	−3.175	−3.492	−4.132	1.99	I(0)

注：(C,T,K) 表示 ADF 检验是否包含常数项、时间趋势项以及滞后期数；***、**、*分别代表在1%、5%和10%水平上显著。

其次，对于具有相同单整阶数的非平稳变量，检验是否存在协整关系。判定是否存在协整关系，一般常采用 EG 两步法（Engle-Granger）检验。即首先用 OLS 对这些变量进行回归，然后检验这个回归方程的残差是否平稳。如果回归方程的残差是平稳的，则称这些序列是协整的。依据 EG 两步法思路，分别构建 OLS 模型（总共是 4 个模型，分别是 $AVATT$ 与 HHI、$AVATT$ 与 $HHI3$、$AVATT$ 与 $HHI5$、$AVATT$ 与 $dHHI$），在此基础上，对上面四个列式的残差分别进行单位根检验（见表4.5），由 SIC 准则确定滞后阶数，不含常数和时间趋势项，检验结果显示序列在 1% 的显著性水平下拒绝原假设，接受不存在单位根的结论，因此可以确定残差序列为平稳序列，满足 I(0)。综合上述结果，$AVATT$ 与 HHI（E）、$AVATT$ 与 $HHI3$（$E1$）、$AVATT$ 与 $HHI5$（$E2$）、$AVATT$ 与 $dHHI$（$E3$）之间存在协整关系，可以对它们进行普通最小二乘法分析（见表4.5）。

表 4.5 4个模型非均衡误差项序列的单位根检验

变量	(C,T,K)	ADF值	5%临界值	1%临界值	结论
E	$(0,0,0)$	−3.977***	−1.950	−2.617	I(0)
$E1$	$(0,0,0)$	−3.222***	−1.950	−2.617	I(0)

续　表

变量	(C, T, K)	ADF 值	5% 临界值	1% 临界值	结论
$E2$	$(0,0,0)$	-3.083^{***}	-1.950	-2.618	$I(0)$
$E3$	$(0,0,0)$	-2.683^{***}	-1.950	-2.619	$I(0)$

注：***表示在1%水平上显著。

在得出上述基本回归结果之后，对这些回归进行后续的假设检验以完善模型的设定。这4个模型的结果均显示一个比较好的R^2，基本在0.78左右，但却均出现一个比较小的DW统计量，基本在0.36左右，同时，这4个模型均通过遗漏变量检验，由此可知，上述4个模型的设定并不是最佳模型（见表4.6）。

表4.6　NBA竞争实力均衡对平均观众的时间序列估计

变量	模型1	模型2	模型3	模型4
HHI	-2.01^{**} (0.049)			
$HHI3$		-2.01^{*} (0.050)		
$HHI5$			-2.31^{**} (0.025)	
$dHHI$				-1.36 (0.181)
$Z(98)$	-7.07^{***} (0.000)	-7.00^{***} (0.000)	-6.93^{***} (0.000)	-7.07^{***} (0.000)
$L.att$	17.53^{***} (0.000)	16.97^{***} (0.000)	14.91^{***} (0.000)	33.09^{***} (0.000)
_cons	2.46^{**} (0.017)	2.43^{**} 0.018	2.74^{**} (0.008)	2.19^{**} (0.033)
R^2	0.9692	0.9676	0.9649	0.9680
Durbin-Watson statistic	1.88	1.996	1.81	1.997
Diagnostic tests				
Breusch-Godfrey LM test (1)	0.223 (0.6390)	0.023 (0.8799)	0.477 (0.4931)	0.000 (0.9841)

续 表

变量	模型 1	模型 2	模型 3	模型 4
Jarque-Berra(1)	0.1933 (0.6601)	0.2137 (0.6439)	0.39676 (0.5288)	0.00038 (0.9844)
White's test	0.64 (0.80)	0.7728 (0.5889)	0.7611 (0.6085)	0.5637 (0.9084)

注：回归方程所呈现的是每个变量的 t 值；诊断检验主要包括残差的序列相关性（Breusch-Godfrey）、正态性（Jarque-Berra）、异方差性（White's test）；括号里为 P 值；***、**、*分别代表在 1%、5% 和 10% 水平上显著。

根据文献和经验可知，当期的 NBA 观众人数会受到前期观众人数的影响，因此，有必要在解释变量中增加因变量的滞后项（经检验，滞后项也属于 I（1）序列）；而 1998 年 NBA 曾发生罢工事件，导致联赛中段 6 个月之久，针对这个偶然事件，有必要增加一个虚拟变量，将 1998 年界定为 1，而其他年份则为 0，结果同样见表 4.6。

研究结果显示，竞争实力均衡对观众人数具有负向影响，各个模型均具有一个良好的调整 R^2。在这 4 个模型中，除了 dHHI 模型不具有显著性影响之外，其他三个模型均具有显著性水平。4 个模型的残差均通过了回归诊断检验，表明 4 个模型的设定是合理的。

第三节　基于 NBA 联盟面板数据的实证分析

为了更进一步把握竞争实力均衡对观众人数的影响，采用面板数据研究1991—2006 年竞争实力均衡对 NBA 观众人数的影响。使用面板数据的优点有：第一，控制个体的异质性。比如，当我们在研究 NBA 中 30 支球队的观众数量时，可以选取俱乐部的获胜百分比、联赛的竞争实力均衡、上一个赛季的观众数量等变量作为解释变量，但同时我们认为俱乐部所在城市居民的收入水平、人口数量等因素也会显著影响俱乐部的观众数量。由此可见，有些变量具有典型的个体效应，而有些变量则有随时间变化的时间效应。第二，面板数据比截面数据的信息量更大。第三，可以改善时间序列不能和相应的经济理论相匹配的弱点，根据相应的经济理论，通过面板数据构建并解释模型，更具有实际应用价值（见表4.7、表4.8）：

$$AT_{jt} = \alpha_j + \alpha_{yj} AT_{jt-1} + \sum_{k=1}^{h} \alpha_{kj} X_{jt}^{DF} + \alpha_j Z_{jt}^{H} + \alpha_j z(98) + \varepsilon_{jt}$$

根据Scully（1989）的研究，棒球联赛观众的基本需求函数与门票价格、比赛质量、俱乐部的市场规模和消费者的实际收入有关。但由于如何获得俱乐部的门票价格一直是困扰估计职业联赛需求函数的瓶颈，因此，根据门票价格的数据，主要分析1991—2006年的NBA需求变动状况。

假设：1. 滞后一期的观众估计系数为正，与观众人数呈显著的正向关联；

2. HHI、$HHI3$、$dHHI$估计系数为负，与观众人数呈显著的负向关联；

3. 俱乐部所在城市人口与人均收入估计系数为正，与观众人数呈正向关联；

4. 获胜百分比的估计系数为正，与观众人数呈显著的正向关联；

5. 价格的估计系数为负，与观众人数呈显著的负向关联。

表4.7　NBA观众人数及基本情况的描述性统计

变量	观测值	平均数	标准差	最小值	最大值
$years$	459	1998.647	4.597518	1991	2006
$teams$	459	14.86275	8.317703	1	30
att	459	674692.7	125707	256568	985722
win	459	0.4999346	0.1560544	0.134	0.878
HHI	459	0.0382523	0.0017955	0.0356	0.04152
$HHI3$	398	0.0382959	0.0015611	0.0359	0.0409627
$dHHI$	459	0.0034008	0.0007943	0.0023	0.004855
pop	441	4975403	4667277	795431	1.88e+07
$price$	459	32.73501	9.784483	15	73.80567
$income$	459	24604.25	6483.581	0	41737.38
$L.att$	429	671038.1	127570.9	256568	985722

注：缺少位于加拿大的球队所在城市人口和收入数据。years表示1991—2006年，teams表示30支NBA球队。

表 4.8　竞争实力均衡对 NBA 现场观众人数的影响

变量	1	2	3
$L.att$	0.190***	0.206***	0.188***
	(6.69)	(7.34)	(6.63)
$L2.att$	0.048	0.064*	0.053*
	(1.83)	(2.44)	(2.03)
pop	0.014	0.023	0.032
	(0.72)	(1.07)	(1.75)
$income$	−7.546**	−6.765*	−4.259*
	(−3.22)	(−2.46)	(−2.00)
$dum8$	−3.0e+05***	−3.0e+05***	−3.0e+05***
	(−31.46)	(−30.95)	(−31.25)
$price$	2073.186***	2265.137***	1999.983***
	(4.06)	(4.42)	(3.91)
win	2.3e+05***	2.3e+05***	2.4e+05***
	(9.30)	(9.28)	(9.49)
HHI	−7.6e+06*		
	(−2.27)		
$HHI3$		−5.0e+06	
		(−1.02)	
$dHHI$			2.4e+05
			(0.05)
$\_cons$	7.6e+05***	5.7e+05	2.9e+05***
	(3.55)	(1.87)	(3.41)
N	356	356	356
Sargan	22.93875	207.209	22.9038
Sargan-P	1.0000	0.0000	1.0000
Arellano-Bond test	−1.5952	−2.0506	−1.4293
Arellano-Bond test-P	0.1107	0.0403	0.1529

注：***、**、*分别代表在 1%、5% 和 10% 水平上显著。

上述等式揭示了运用一阶差分 GMM 估计量（Arellano-Bond dynamic panel-data estimation）动态面板估计 NBA 的观众人数的三个模式。采用两阶段估计，得出模型1和模型3不存在工具变量的过度识别，而模型2的P值为0.00，显然是拒绝了原假设，设定不合理。通过干扰项序列相关检验，模型1和模型2的检验结果显示，这两个模型不存在二阶相关，也就是意味着选取的工具变量是合理的。同样，模型2未通过序列相关检验。参照时间序列的分析方法，采纳 $dHHI$ 模型对NBA的观众人数的解释较弱，不具有显著影响，在面板数据中，这种情形同样存在。

由此，将重点分析模型1。由表4.8可知，观众人数的滞后一期、球队的门票价格、球队的获胜百分比以及1998年这个哑变量、常数项，均对NBA的观众人数产生了非常显著的影响；俱乐部所在城市的人均收入水平具有显著性影响；HHI 对现场观众人数具有影响。

俱乐部所在城市人均收入水平系数的估计值为负，这与预期具有一定的差异，有几种可能的原因：（1）由于样本采纳的是俱乐部所在城市的所有人口的人均消费收入，并非完全代表球迷的收入水平；（2）这可能蕴含这样一点，美国的职业体育联赛非常繁荣，除了NBA之外，还有MLB、NHL、NFL、大学生联赛等，体育迷往往会忠于某一个联赛。正如NBA的收益远远低于MLB、NFL一样，这在一定程度上意味着低收入人群可能是NBA的忠实观众。

俱乐部的门票价格估计系数为正而且具有非常显著的影响，这与截面数据的分析具有类似的结果。

联赛的竞争实力均衡对观众人数具有显著的影响作用，HHI 的估计系数为负，且具有显著性水平，从经验视角论证NBA的竞争实力均衡与观众人数具有积极的影响。

俱乐部所在城市人口的估计系数为正，符合预期。通过实证证明，俱乐部的人口数量有助于增加观众人数，这也解释了为何俱乐部总是青睐大型城市。

第四节　基于CBA联赛的实证分析

为了更进一步验证中国职业体育发展的实践，研究采用面板数据进行实证分析。本书以CBA联赛为重心，主要是基于以下几个方面的思考：第一，CBA大胆学习和借鉴NBA的运作模式和经验；第二，在既有的规章制度下，如何促进俱乐部之间的竞争实力平衡，以保持比赛结果的不确定，是NBA联盟机制设计的核心和准则，也必然是CBA机制设计的核心和重心；第三，以球迷消费者需求为中心的服务理念，是NBA成功的重要因素。

为了不失一般性，仍然采纳第三节中验证NBA的基准模型，由于CBA的门票价格资料较难获取，而且球迷购买门票的途径多样化，门票类型多样化，甚至还有球迷是通过赠票的形式进入赛场等，因此，在构建CBA面板数据的估计模型中，我们暂且不考虑价格的影响。由此，考虑我国的实际情况，构建CBA面板数据模型（见表4.9、表4.10）：

$$AT_{jt} = \alpha_j + \alpha_{yj} + AT_{jt-1} + \sum_{k=1}^{h} \alpha_{kj} X_{jt}^{DF} + \alpha_j Z_{jt}^{H} + \varepsilon_{jt}$$

变量及假设情况如下：

假设：1. 滞后一期的观众估计系数为正，与观众人数呈显著的正向关联；

2. HHI、$dHHI$、$HHI3$ 估计系数为负，与观众人数呈显著的负向关联；

3. 俱乐部所在城市人口与人均收入估计系数为正，与观众人数呈正向关联；

4. 获胜百分比的估计系数为正，与观众人数呈显著的正向关联。

表4.9　变量情况[1]

变量	名称	符号	变量含义
被解释变量	现场观众人数	att	AT
解释变量	滞后一期的观众人数	$L.att$	AT_{jt-1}

---

[1] 俱乐部所在城市人口数量及人均收入数据来自中国国家统计局,CBA赛事数据来源于官方网站。

续　表

变量	名称	符号	变量含义
解释变量	俱乐部获胜百分比	win	X^{DF}
	俱乐部所在城市人口数量	pop	
	俱乐部所在城市人均收入	$income$	
	赛季赫芬达尔—赫希曼指数	HHI	Z^H
	剔除球队数量变化的HHI	$dHHI$	
	连续3年HHI的平均值	$HHI3$	
	CBA俱乐部	$team$	j
	年份：2009/10—2018/19的10个CBA赛季	$years$	t

表4.10　变量描述性统计

变量	观测值	平均数	标准差	最小值	最大值
$L.att$	186	4180.3700	1800.5220	1294.1180	16011.5800
win	186	0.5001	0.2061	0.0790	0.9690
pop	186	734.9665	403.1990	178.7300	3375.2000
$income$	166	68190.4600	23497.8300	27090.2600	142418.5000
HHI	186	0.0628	0.0042	0.0587	0.0716
$dHHI$	186	0.0090	0.0021	0.0049	0.0128
$HHI3$	151	0.0624	0.0030	0.0591	0.0679

本书将从 HHI、$dHHI$ 和 $HHI3$ 引进模型，从而构建出3个模型，分别为模型1、模型2与模型3。采用一阶差分广义距分析方法（一阶差分GMM）和纠偏（bias-corrected，WC）后的稳健性VCE，对模型进行统计推断，并对这些模型的过度识别以及干扰项序列相关进行检验。通常情况下，主要采用两项统计量指标进行检验：Arellano-Bond test for AR（2）检验、Sargan检验。Arellano-Bond test for AR（2）检验的是模型的残差序列是否存在序列相关，通常认为在无序列相关零假设下，它们渐进服从标准正态分布。因此，如果相应的统计量的 $P>0.05$，表示在5％的显著性水平上残差序列不存在二阶序列相关。Sargan检验用来检验约束条件是否存在过度限制问题，即检验工具变量的合法性。因此，如果Sargan统计量的 $P>0.05$，表示在5％的显著性水平上工

具变量的选择是合理的，否则为不合理。

实证结果表明，模型1、模型2与模型3均通过了检验，但研究结果与基本假设存在差异，且各个模型变量的影响略有不同（见表4.11）。三组模型中竞争实力均衡指标中，模型1的 HHI、模型2的 $dHHI$ 均对 CBA 现场观众人数产生显著的影响，且估计系数为负，这与基本假设一致，表明 CBA 联赛竞争实力越均衡，观众人数将越多。但 $HHI3$ 未对现场观众人数产生显著影响，这可能是因为 CBA 观众到现场观赛的热情更取决于联赛当年或近期的竞争实力均衡状况。一个有意思的现象是，三个模型滞后一期（前一赛季）的观众人数虽然对 CBA 联赛当赛季观众人数产生显著影响，但系数的估计符号均出现了负值，这与基本假设存在差异。

表4.11　CBA联赛现场观众人数与竞争实力均衡关系实证结果（2009—2018赛季）

变量	模型1	模型2	模型3
$L.att$	−0.2756*** (−4.96)	−0.2788*** (−5.20)	−0.3004*** (−4.66)
win	112.3261 (0.15)	258.5566 (0.62)	187.3599 (0.22)
pop	−0.2725 (−0.05)	−0.9361 (−0.42)	−0.9618 (−0.17)
$income$	−0.0119 (−0.73)	0.0076 (0.73)	−0.0096 (−0.22)
HHI	−81384.8200*** (−2.81)		
$dHHI$		−41924.0500*** (−2.88)	
$HHI3$			−61675.3800 (−0.42)
_cons	11303.1300** (2.38)	5577.0680*** (4.35)	10561.8500 (1.16)
N	127	127	110
Wald chi2-P	0.0000	0.0000	0.0000

续　表

变量	模型1	模型2	模型3
Arellano-Bond test for AR(2)-P	0.4182	0.3562	0.3530
Sargan-P	0.6955	0.6704	0.6744

注："*"、"**"、"***"分别表示在10%、5%、1%的显著水平上结果显著，括号内表示z值。

俱乐部所在城市人口数量和收入水平均与联赛现场观众参与之间呈现负向关联关系，这可能存在以下几方面的原因：第一，CBA的竞争力还有待进一步提高。尽管CBA联赛是国内顶尖的职业篮球联赛，但作为一种休闲娱乐产品，不仅不同运动项目之间存在竞争，而且还与电影、电视、音乐剧等娱乐产品之间存在竞争。第二，球迷忠诚度尚未形成。从理论层面讲，体育需求与消费者的数量、经济收入呈现正向关联关系，但本书显示，俱乐部所在城市的人口数量、收入水平呈现负向关联关系，这在一定程度上反映了现实情况，即便是在大城市，现场观看赛事仍然是一件需要长期培育的事情，由此提出两点对策。

一、以联赛竞争实力均衡为效标，构建双边市场效应高的品牌赛事

职业体育联赛能够获得消费者偏好，职业体育组织能够获得长足发展，关键在于联赛的竞赛水平。如何在充满竞争的职业体育市场、娱乐市场脱颖而出，联赛的竞赛水平是核心，也是关键。只有联赛的竞赛水平提升，才可能充分发挥职业体育双边市场、网络市场效应。

要实现联赛竞技水平提升，首先需要在赛制安排和联赛规则方面保持稳定性。由于职业体育专用性资产较高，通常会存在套牢风险，从而抑制投资者的前期投资，且俱乐部看重短期的广告效应，忽视后备人才梯队的培养，所以，通过稳定的制度安排，比如赋予俱乐部一定的主场特许经营权激励俱乐部的投资努力，可逐渐改变当前一个俱乐部多个主场、一个城市多个俱乐部并存的现象。稳定的制度安排还需要妥善处理好国家队和俱乐部、国家利

益和联赛利益之间的关系。从长远发展视角看，对于这些走向市场化发展的集体性运动项目，只有把职业联赛的品质和水平提高到一定层次之后，该项运动的竞技水平才可以真正实现强国的目标，国家队成绩的提高才可能是一种必然的结果，而不再是偶然事件。

在提升联赛品质的基础上，不可忽视的是职业体育联赛治理的重心必须置于如何促进联赛的竞争实力均衡方面，这就促使联赛治理的焦点必然是制定合理的交叉补贴机制。根据我国职业体育联赛的特征，促使俱乐部优秀球员资源的合理配置、促进收入的重新再分配，是实现我国职业体育联赛稳健发展的核心和关键。

二、培育球队与政府、社区、企业的良好关系

职业体育的成功发展和一个成熟的需求市场密不可分，尤其是球迷的热爱，其是职业体育发展的立足点。从国外职业体育发展实践中看，欧洲球迷在观看职业体育比赛过程中，往往将其注意力主要集中在体育竞赛本身。他们希望看到的是一场"真正的体育比赛"，而较少关注职业体育比赛以外的一些要素。欧洲球迷大多数都有自己热衷的球队，并且对自身喜爱的球队表现出比较高的忠诚度，而当欧洲球迷一旦忠诚于某个职业俱乐部时，他们往往表现出对其他职业俱乐部的排斥，即便是在他们喜欢的球队成绩差的时候。

和欧洲的职业体育联盟不同，美国的职业体育联盟主要局限于国内联赛，面对的主要是本土的市场需求。尽管在制度层面，美国最终产生和发展了带有本土特色的职业联赛，但英国职业体育中球迷对球队的忠诚在美国职业体育制度的演变中仍然保留着。尤其是在以商业化模式运行的美国职业体育，当某个职业运动项目被转化为商业性的娱乐活动时，它的成功与否就取决于观众的兴趣。因此，在美国职业体育联盟的发展过程中，球迷扮演的角色占据着十分重要的地位。球迷在美国职业体育联盟的模式下，有更多的机会和更强烈的意愿去参与这种"表演"性质很浓的职业体育。球迷不仅仅希望看到的是一场体育竞技比赛，而且还希望观看到的是一场娱乐表演。在美国球

迷眼中，职业体育比赛只是整个"表演秀"的其中一部分，而不是全部。球迷除了关注职业体育比赛本身以外，还关注自身在整个比赛中的体验，如整个过程中是否设计了自己偏好的元素，自己是否参与了其中的某些环节等。

体育的全球化发展以及电视、网络等新闻媒体的快速发展，使得越来越多的人成为世界各项顶级联赛的忠实观众，这对我国职业体育发展形成强有力的竞争。但随着全球化发展，人们在感慨文化趋同的时候，也惊喜地发现，各国人民的民族认同感、地区认同感也得到进一步的增强，体育的全球化发展也为推动和影响我国体育市场需求的培育起着不可低估的作用。如何在日益激烈的竞争面前展现独具特色的竞争实力，与当地社区、当地政府、当地企业建立紧密关系是关键，这也是美国和日本发展的经验所在。因此，必须和当地政府、当地企业、当地社区保持一个良好的关系，积极努力培养需求市场，这是实现职业体育各个利益相关主体共赢的基础。

第五章 研究结论和进一步研究方向

本书围绕消费者偏好比赛结果不确定的假设，以联赛需要保持竞争实力均衡的观点为立足点，第一，采用历史、比较制度分析方法，对同根同源的欧美职业体育联盟治理模式进行系统的对比和分析，在对不同联盟的起源和演变轨迹的追溯中，提炼职业体育联盟的变迁要素及其安排特征，从而将不同治理模式的职业体育联盟纳入统一的分析框架。第二，运用逻辑演绎方法，通过探寻职业体育生产的一般规律，揭示职业体育联盟这种独特卡特尔组织的稳定性和配置机理。第三，运用2俱乐部模型，采取选点的方式，对保留条款制度、收入分享制度、主场特许经营权、升降级制度等进行理论探讨与分析，揭示职业体育联盟制度安排的本质。第四，利用观众人数，从经验视角验证消费者偏好比赛结果不确定的假设。第五，基于职业体育基本生产规律，提出促进中国职业体育发展的对策。

一、研究结论

同根同源的欧美职业体育联盟的演变轨迹和变迁历史揭示，任何一个有效的职业体育治理模式总是与其地域、资本、社会文化背景密不可分，这就使得职业体育的治理模式具有多样性。一个有效的职业体育治理模式必然会利用外生变量中的合理因素与其内部治理进行整合，节省治理成本。每一个职业体育治理模式内部自成一体，但如果只从一个最优的治理模式中抽取某一些要素嫁接到另一个优化模式中，则可能会破坏治理模式的一致性，降低治理的绩效。

就职业体育联赛而言，职业体育俱乐部是人力、财力、物力等资源的投入者，当然享有剩余索取权，而当职业体育联盟出现之后，联赛的所有权在俱乐部和联盟之间进行分割。由于每个职业体育俱乐部拥有的财力、人力、物力、市场规模以及经营目标存在较大的差异性，单个俱乐部的利益取向和所有俱乐部联合利益取向之间必将存在矛盾和冲突，但是既要激励优秀俱乐部有赛场上获胜的动机，又要确保每个俱乐部都能在联赛中生存，就要解决这些矛盾和冲突，使得外部性内部化，因此只能在联盟层面进行强制配置和计划安排。

与一般企业不同，职业体育联盟生来就是一个合作共同体，在赛场上，参赛俱乐部相互竞争，将自己的成功建立在对手的失败上；而在赛场外，每个俱乐部的成功则依赖于联盟其他俱乐部的成功以及作为一个权威机构的联盟的成功和稳定，合作成为俱乐部竞争的目标和取向，是促进所有俱乐部收益递增的前提和必要条件。而消费者偏好结果不确定的比赛、职业体育市场的多维双边市场形态以及职业体育的自然垄断特性，使得职业体育联盟较一般卡特尔组织更稳定，但这并不意味着职业体育联盟就是个稳定组织，它仍然会面临参赛俱乐部叛离的问题。职业体育联盟主要通过整体营销、配给定额、均分市场的分配方式，协调各个成员的行动并惩罚作弊者和叛离者。

无论谁拥有球员，都不会改变联盟内球员的分配，从而不会改变联盟竞争实力均衡的基本假设。对球员供给固定联盟而言，保留条款制度的实施尽管不会影响竞争实力均衡，但可以有效地维护小市场或财政基础薄弱俱乐部的财政安全，在职业联赛发展初期，俱乐部财政不稳定时具有非常重要的作用。在联赛发展初期，保留条款制度还有助于激励俱乐部前提投资和训练球员。对球员供给弹性联盟而言，保留条款制度的实施将破坏竞争实力均衡，这与球员供给弹性联盟较少采用保留条款制度的实践相吻合。保留条款制度的取消源自球员谈判能力的提高，但类似这种限制球员自由流动的条款仍然会继续存在。关键原因在于球员与俱乐部关于剩余索取权的控制，只有当球员工会足够强大，球员能够参与联赛规章制度的制定中，资方对劳方的剩余价值的剥夺才会真正减少，类似于保留条款这种制度安排才会真正消失。

电视转播权收入分享制度能有效促进联赛竞争实力均衡，但主场门票收入和奖金池收入分享制度则对联赛的竞争实力均衡没有影响。但毫无疑问，收入分享制度仍然具有一定的合理性。从俱乐部所有者视角看，收入分享制度的存在可以使得大家的收益比没有实施这项制度时要好。俱乐部所有者通过一致同意规则保证了每个俱乐部的帕累托改善，这使得市场规模、初始财富禀赋存在差异的各个俱乐部，在就集体销售的赛事收益讨价还价中，很难提出比收入分享制度更好的策略选择，因此，界定适当的收入分享比例，大家显然支持。此外，从表面上看，实施收入分享制度可以获得公众对于联赛诚信的认可。尽管收入分享制度并没有对竞争实力均衡产生影响，但显然，这种通过将富有球队的收入转向弱小俱乐部的举措会赢得公众的喜爱，从表面上缩小了俱乐部的贫富差距，为提供一个结果更不确定的比赛奠定了公众基础。

由于职业体育消费者关注的是价格和偏好之和，俱乐部之间的空间位置越远，联盟就越有动机设置俱乐部的准入壁垒，增加俱乐部之间的差异性，降低俱乐部之间的竞争性，促使消费者对价格的敏感度下降，从而为每个俱乐部的最优价格接近垄断价格创造条件。主场特许经营权是一项能够促进联盟竞争实力均衡的制度安排，但是否是一种限制竞争的市场行为，还有必要充分考虑各个利益相关体的综合利益。

通过升降级制度实现俱乐部的优胜劣汰，是一项促进竞争实力均衡的制度安排。由于每一个球队都试图获得赛场上的胜利，或是获得升级名额，或是避免降级，俱乐部均存在过度投资球员的动机，而赛场上的零和博弈则又像是根导火线，引致各个俱乐部球员雇佣的军备竞赛，这就不难理解采纳升降级联盟"收益递增而利润下降"的悖论。

实证研究结果显示，联赛的竞争实力均衡状态与观众人数均呈现显著的负向关联关系，均验证比赛结果不确定性是吸引观众持续关注比赛的基本假设。

二、进一步研究方向

本书主要采纳联盟 2 俱乐部模型分析职业体育联盟的制度安排，如果扩充到 N 俱乐部模型，可能更有效揭示职业体育联盟制度安排的一般特性。

实证研究将是后续研究的主要方向，主要包括两个方面：一是搜集欧美职业体育发展实践的信息，继续从经验视角验证职业体育联盟的各种计划安排与联赛竞争实力均衡之间的联系；二是基于中国职业体育的发展实践，考察中国职业体育竞争实力均衡状态及其各种制衡机制的合理性。

参考文献

[1] Abrams R I. The public regulation of baseball labor relations and the public interest[J]. Journal of Sports Economics, 2003, 4(4): 292–301.

[2] Alexander D L. Major League Baseball: Monopoly pricing and profit-maximizing behavior[J]. Journal of Sports Economics, 2001, 2(4): 341–355.

[3] Andreff W, Staudohar P D. The evolving European model of professional sports finance[J]. Journal of Sports Economics, 2000, 1(3): 257–276.

[4] Andreff W. Economic globalization of sport[J]. International Association of Sport Economists, 2008, 4(3): 13–32.

[5] Atkinson S E, Stanley L R, Tschirhart J. Revenue sharing as an incentive in an agency problem: An example from the National Football League[J]. The Rand Journal of Economics, 1988: 27–43.

[6] Baade R A. Professional sports as catalysts for metropolitan economic development [J]. Journal of Urban Affairs, 1996, 18(1): 1–14.

[7] Borland J, MacDonald R. Demand for sport[J]. Oxford Review of Economic Policy, 2003, 19(4): 478–502.

[8] Bougheas S, Doenward P. The economics of professional sports leagues[J]. Journal of Sports Economics, 2003, 14(2): 87–107.

[9] Bowling R T. Sports aggravated: The fan's guide to the franchise relocation problem in professional sports[J]. Stetson Law Review, 1998, 99: 650.

[10] Brandes L, Egon F. Who made who? An empirical analysis of competitive balance in European soccer leagues[J]. Eastern Economic Journal, 2007, 3(33): 379–403.

[11] Bruggink T H, Eaton J W. Rebuilding attendance in Major League Baseball: The demand for individual games[J]. Baseball Economics: Current Research, 1996: 9–31.

[12] Burger J D, Walters S J K. Market size, pay and performance: A general model and application to Major League Baseball[J]. Journal of Sports Economics, 2003, l 4(2): 108–125.

[13] Cairns J, Jennett N, Sloane P J. The economics of professional team sports: A survey of theory and evidence[J]. Journal of Economic Studies, 1986, 13(1): 3–80.

[14] Carlton D W, Frankel A S, Landes E M. The control of externalities in sports leagues: an analysis of restrictions in the national hockey league[J]. Journal of Political Economy, 2004, 112(1): 2.

[15] Carmichael F, Thomas D, Ward R. Team performance: The case of English premiership football[J]. Managerial and Decision Economics, 2000, 21(1): 31–45.

[16] Carmichael F, Thomas D. Home-field effect and team performance: Evidence from English premiership football[J]. Journal of Sports Economics, 2005, 6(3): 264–281.

[17] Crooker J R, Fenn A J. Sports leagues and parity when league parity generates fan enthusiasm [J]. Journal of Sports Economics, 2007, 8(2): 139–164.

[18] Daly G, Moore W J. Exteralities, property rights and the allocation of resources in Major League Baseball[J]. Economic Inquiry, 1981, 19(1): 77–95.

[19] Daly G. The baseball player's labor market revisited[J]. Journal of Political Economic, 1956, 64(3): 242.

[20] Depken C A. Fan loyalty and stadium funding in professional baseball[J]. Journal

of Sports Economics, 2000, 1(2): 124–138.

[21] Dietl H M, Grossmann M, Lang M. Competitive balance and revenue sharing in sports leagues with utility-maximizing teams[J]. Journal of Sports Economics, 2011, 12(3): 284–308.

[22] Dietl H M, Lang M. The effect of gate revenue sharing on social welfare[J]. Contemporary Economic Policy, 2008, 26(3): 448–459.

[23] Dobson S, Goddard J A. The economics of football[M]. Cambridge: Cambridge University Press, 2001.

[24] Doh J P. Regional market integration and decentralization in Europe and North America: Implications for business-government relations and corporate public affairs[J].Business Society, 1999, 38(4): 474–507.

[25] Downward P, Dawson A. The economics of professional team sports[M]. Routledge, 2000.

[26] Easton S T, Rockerbie D W. Revenue sharing, conjectures, and scarce talent in a sports league model[J]. Journal of Sports Economics, 2005, 6(4): 359–378.

[27] El-Hodiri M, Quirk J. An economic model of a professional sports league[J]. Journal of Political Economy, 1971, 79(6): 1302–1319.

[28] Ellickson B, Groadl B, Scotchmer S, et al. Clubs and the market[J]. Econometrica, 1999, 67(5): 1185–1217.

[29] Flynn M A, Gilbert R J. The analysis of professional sports leagues as joint ventures[J]. Royal Economic Society Published, 2001, 111(469): F27–F46.

[30] Fort R, Lee Y H, Transition to an unbalanced sports league schedule: Adding the analysis of outcome uncertainty[J]. Applied Ecnomics, 2020, 52(51): 5629–5638.

[31] Fort R, Quirk J. Cross-Subsidization, incentive and outcomes in professional team sports leagues[J]. Journal of Economic Literature, 1995, XXXIII: 1265–1299.

[32] Fort R, Quirk J. Owner objective and competitive balance[J]. Journal of Sports Economics, 2004, 15(1): 20–32.

[33] Fort R, Maxcy J. Competitive balance in sports leagues: An introduction[J]. Journal of Sports Economics, 2003, 1 4(2): 154–160.

[34] Fort R. European and North American sports differences[J]. Scottish Journal of Political Economy, 2000, 47(4): 431–434.

[35] Fort R. The golden anniversary of "the baseball players' labor market" [J]. Journal of Sports Economics, 2005, 6(4): 347–358.

[36] Freedman W. Professional sports and antitrust[M]. New York: Praeger, 1987.

[37] Goossens K. Competitive balance in European Football: Comparison by adapting measures: National measure of seasonal imbalance and top3. Rivista di Diritto ed Economia Dello Sport, 2006, 2(2): 77–122.

[38] Grier K B, Tollison R D. The rookie draft and competitive balance: The case of professional football[J]. Journal of Economic Behavior and Organizaion, 1994, 25 (2): 293–298.

[39] Groot J, Groot L. The competitive balance of French football 1945–2002[J]. Journal of Sports Economics, 2003, 3(2): 37.

[40] Hadley L, Ciecka J, Krautmann A C. Competitive balance in the aftermath of the 1994 players' strike[J]. Journal of Sports Economics, 2005, 6(4): 379–389.

[41] Haugen K K. Research notes: An economic model of player trade in professional sports[J]. Journal of Sports Economics, 2006, 17(3): 309–318.

[42] Hoehn T, Saymaski S, Matutes C, et al. The Americanization of European football [J]. Economic Policy, 1999, 14(28): 203–240.

[43] Hoehn T, Saymaski S. European football: The structure of leagues and revenue sharing[J]. Economic Policy, 1999, 4, 14(28): 211.

[44] Holahan W L. The long-run effects of abolishing the baseball player reserve

system[J]. Journal of Legal Studies, 1978, 7(1): 129–137.

[45] Horowitz I. The impact of competition on performance disparities in organizational systems: Baseball as a case study[J]. Journal of Sports Economics, 2000, 1 (2) :151–176.

[46] Humphreys B R. Alternative measures of competitive balance in sports leagues [J]. Journal of Sports Economics, 2002, 3 (2): 133–148.

[47] Idson T L, Kahane L H. Team effects on cmpensation: An application to salary determination in the national hockey league[J]. Economic Inquiry, 2000, 38(2): 345–357.

[48] James L, Brock Jr. A substantive test for sherman act plurality: Applications for professional sports leagues[J]. University of Chicago Law Review, 1985, 52(4): 999–1031.

[49] Janssens P, Kesenne S. Belgian soccer attendance[J]. Tijdschrift voor Economie en Management, 1986, 32(3): 305–315.

[50] Jennett N. Attendances, uncertainty of outcome and policy in Scottish league football[J]. Scottish Journal of Political Economy, 1984, 31(2): 176–198.

[51] Johnson A T. Congress and professional sports: 1951–1978[J]. The Annals of the American Academy of Political and Social Science, 1979, 445: 102–115.

[52] Jones J C H. The economics of national hockey league[J]. Canadian Journal of Economics, 1969, 2(1): 1–20.

[53] Kahn L M. Free agency, long-term contracts and compensation in Major League Baseball: Estimates from panel data[J]. Review of Economics and Satistics, 1993, 25(1): 157–164.

[54] Kahn L M. Sports league expansion and consumer welfare[J]. Journal of Sports Economics, 2007, 8(2): 115–138.

[55] Kahn L M. The sports business as a labor market laboratory[J]. Journal of

Economic of Perspectives, 2000, 14(3): 75–94.

[56] Kennedy S S, Rosentraub M S. Public-private partnerships, professional sports teams and the protection of the public's interests[J]. American Review of Public Administration, 2000, 30(4): 436–459.

[57] Kesenne S. Revenue sharing and owner profits in professional team sports[J]. Journal of Sports Economics, 2007, 8(5): 519–529.

[58] Kesenne S. The different impact of different revenue sharing systems on the competitive balance in professional team sports[J]. European Sport Management Quarterly, 2001, 1(3): 210–218.

[59] Kesenne, S. Revenue sharing and competitive balance in professional team sports [J]. Journal of Sports Economics, 2000, 1(1): 56–65.

[60] Kesenne, S. Revenue sharing and competitive balance: Does the invariance proposition hold? [J] Journal of Sports Economics, 2005, 6(1): 98–106.

[61] Knowles G, Sherony K, Haupert M. The demand of Major League Baseball: A test of the uncertainty of outcome hypothesis[J]. American Economist, 1992, 35(2): 72–80.

[62] Kräkel M. A note on revenue sharing in sports leagues[J]. Journal of Sports Economics, 2007, 8(3): 309–316.

[63] Larsen A, Fenn A J, Spenner E L. The impact of free agency and the salary cap on competitive balance in the National Football League [J]. Journal of Sports Economics, 2006, 7 (4): 374–390.

[64] Lehn K. Information asymmetries in baseball's free agent market[J]. Economic Inquiry, 1984, 22(1): 37–44.

[65] Lehn K. Property rights, risk sharing, and player disability in Major League Baseball[J]. Journal of Law and Economics, 1982, 25(2): 343–366.

[66] Leifer E M. Inequality among equals: Embedding market and authority in league

sports[J]. American Journal of Sociology, 1990, 96(3): 655–683.

[67] Lowell C H. Collective bargaining and the professional team sport industry[J]. Law and Contemporary Problems, 1973, 38(1): 3–41.

[68] Marburger D R. Optimal ticket pricing for performance goods[J]. Managerial and Decision Economics, 1997, 18(5): 375–381.

[69] Marburger D R. Property rights and unilateral player transfers in a multiconference sports league[J]. Journal of Sports Economics, 2002, 3(2): 122–132.

[70] Masteralexis L P, Barr C A, Hums M A. Principles and practice of sport management[M]. Amercia: Jones & Bartlett Publishers, 2004.

[71] Maxcy J G, Fort R D, Krautmann A C. The effectiveness of incentive mechanisms in Major League Baseball[J]. Journal of Sports Economics, 2002, 3(3): 246–255.

[72] Miceli T J. A principal–agent model of contracting in Major League Baseball[J]. Journal of Sports Economics, 2004, 5: 213–220.

[73] Michie J, Oughton C. Competitive balance in football: Trends and effects[M]. London: The Sportsnexus, 2004.

[74] Miller P. Private financing and sports franchise values: The case of Major League Baseball[J].Journal of Sports Economics, 2007, 10, 8(5): 449–467.

[75] Miller P. Revenue sharing in sports leagues: The effects on talent distribution and competitive balance[J]. Journal of Sports Economics, 2007, 8(1): 62–80.

[76] Neale. The peculiar economics of professional sports: a contribution to the theory of the firm in sporting competition and in market competition[J]. Quarterly Journal of Economics, 1964, LXXVIII(1): 1–14.

[77] Noll R G. The economics of promotion and relegation in sports leagues: The case of English football[J]. Journal of Sports Economics, 2002, 3(2): 169–203.

[78] Owen P D, King N. Competitive balance measures in sports leagues: The effects of variation in season length[J]. Economic Inquirg, 2015, 53(1): 731–744.

[79] Palomino F, Rigotti L. The sport league's dilemma: Competitive Balance versus incentives to win[J]. Tilburg University CentER for Economic Research Working Paper, 2000, 109: 36.

[80] Pawlowski T. Testing the uncertainty of outcome hypothesis in European professional football: A stated preference approach[J]. Journal of Sports Economics, 2013, 14(4SI): 341–367.

[81] Peel D, Thomas D. The economics of sports rights[J]. Telecommunications Policy, 1997, 21(7): 619–634.

[82] Peeters T. Profit-maximizing gate revenue sharing in sports leagues[J]. Economic Inquiry, 2015, 53(2): 1275–1291.

[83] Pelnar G. Antitrust analysis of sports leagues[EB/OL]. (2007–11–07)[2010–01–12]. http://mpra.ub.uni-muenchen.

[84] Quirk J, Fort R D. Pay dirt: The business of professional team sports[M]. New Jersey: Princeton University Press, 1997.

[85] Quirk J, Fort R. Hard ball: The uses and abuses of market power in professional sports[M]. New Jersey: Princeton University Press, 1999.

[86] Quirk J. An economic analysis of team movements in professional sports[J]. Law and Contemporary Problems, 1973, 38(1): 42–66.

[87] Rascher, D. A model of a professional sports league[EB / OL]. (1997–02–01)[2010–01–10]. https://ssrn.com/abstract=1601.

[88] Riess S A. The new sport history[J]. Reviews in American History, 1990, 18(3): 311–325.

[89] Roberts G R. The case for baseball's special antitrust immunity[J]. Journal of Sports Economics, 2003, 4(4): 302–317.

[90] Rockerbie D W. Strategic fee agency in baseball[J]. Journal of Sports Economics, 2009, 10: 278.

[91] Rockerbie D W. The economics of professional sports[M]. London: Routledge, 2003.

[92] Rottenberg, S. The baseball players' labor market [J]. Journal of Political Economy, 1956: 242–258.

[93] Sanderson A R, Siegfried J J. Thinking about competitive balance[J]. Journal of Sports Economics, 2003, 4(4): 255–279.

[94] Sanderson A R. The many dimensions of competitive balance[J]. Journal of Sports Economics, 2002, 3(2): 204–228.

[95] Sandy R, Sloane P, Treble J. Back to basics: A new look at gate-revenue sharing and competitive balance[J]. International Association of Sports Economists Working Paper Series, 2006, 1: 1–40.

[96] Schmidt M B, Berri D J. Competitive balance and attendance: The case of major league baseball[J]. Journal of Sports Economics, 2001, 2(2): 145–167.

[97] Schmidt M B, Berri D J. Research note: What takes them out to the ball game? [J]. Journal of Sports Economics, 2006, 7(2): 223.

[98] Schmidt M B, On the evolution of competitive balance: The impact of an increasing global search[J]. Economic Inquiry, 2003, l41(4): 692–704.

[99] Scott F A, Long E, Somppi K. Salary vs marginal revenue product under monopsony and competition: The case of professional basketball[J]. Atlantic Economic Journal, 1985, 13(3): 50–59.

[100] Scully G W. Managerial efficiency and survivability in professional[J]. Team Sports Managerial and Decision Economics,1994, 15(5): 403–411.

[101] Scully G W. The business of professional baseball[M]. Chicago: University of Chicago Press, 1989.

[102] Scully G W. The market structure of sports[M]. Chicago: University of Chicago Press, 1995.

[103] Sharpe T R. Casey's case: Taking a slice out of the PGA Tour's No-Cart Policy [J]. Fla. St. UL Rev. , 1998, 26: 783.

[104] Siegfried J, Zimbalist A. The economics of sports facilities and their communities [J]. Journal of Economic Perspectives, 2000, 14(3): 95−114.

[105] Sloane P J. Rottenberg and the economics of sport after 50 years: An evaluation [J]. International Association of Sports Economists Working Paper Series, 2006, 6: 25.

[106] Sloane P J. The economics of professional football: The football club as a utility maximiser[J]. Scottish Journal of Poliitical Economy, 1971, 18(2): 121−146.

[107] Sloane P. The economics of sport: An overview[J]. Economic Affairs, 1997, 17 (3): 2.

[108] Stephen F. Antitrust, professional sports, and the public interest[J]. Journal of Sports Economics, 2003, 4(4): 318−331.

[109] Surdam D G. The coase theorem and player movement in major league baseball [J]. Journal of Sports Economics, 2006, 7(2): 201−221.

[110] Szymanski S R. The English football industry: Profit, performance and industrial structure[J]. International Review of Applied Economics, 1997, 11(1): 135−153.

[111] Szymanski S, Kesenne S. Competitive balance and gate revenue sharing in team sports[J]. Journal of Industrial Economics, 2004, LII(1): 165−177.

[112] Szymanski S. Professional team sports are only a game[J]. Journal of Sports Economics, 2004, 5(2): 111−126.

[113] Szymanski S. The economic design of sporting contests: A review [J]. Journal of Economic Literature, 2003, 41(4): 1137−1187.

[114] Topkis J H. Monopoly in professional sports[J]. Yale Law Journal, 1949, 58(5): 691−712.

[115] Vrooman J. A general theory of professional sports leagues[J]. Southern

Economic Journal, 1995, 61(4): 971–990.

[116] Vrooman J. A unified theory of capital and labor markets in Major League Baseball[J]. Southern Economic Journal, 1996, 63: 594–619.

[117] Vrooman J. Franchise free agency in professional sports leagues[J]. Southern Economic Journal, 1997: 191–219.

[118] Vrooman J. The baseball players' labor market reconsidered[J]. Southern Economic Journal, 1996(63): 339–360.

[119] Vrooman J. The economics of American sports leagues[J]. Scottish Journal of Political Economy, 2000(47): 364–398.

[120] Weistart J C. League control of market opportunities: A perspective on competition and cooperation in the sports industry[J]. Duke Law Journal, 1984, (6): 1013–1070.

[121] Wolfe R A, Weick K E, Usher J M, et al. Sport and organizational studies: Exploring synergy[J]. Journal of Management Inquiry, 2005, 14(2): 182–210.

[122] Woodrow E E. The origin of the reserve clause: Owner collusion versus "public interest" [J]. Journal of Sports Economics, 2001, 2(2): 113–130.

[123] Zimbalist A. Baseball and billions: A probing look inside the big business of our national pastime[M]. New York: Basic Books, 1992.

[124] 奥尔森.集体行动的逻辑[M].陈郁，等，译，上海：上海人民出版社，2004.

[125] 巴泽尔.产权的经济分析[M].费方域，段毅才，译，上海:上海人民出版社，2003.

[126] 鲍明晓.体育产业：新的经济增长点[M].北京：人民体育出版社，2000.

[127] 蔡继荣.论团队生产的契约分析[J].重庆工商大学学报（社会科学版）.2004，21（3）：84.

[128] 蔡俊伍.世界体育俱乐部制[M].北京：中国大百科全书出版社，1995.

[129] 陈郁.企业制度与市场组织：交易费用经济学文选[M].上海：上海人民出版社，2006.

[130] 丛湖平，田世昌.我国职业体育制度创新支持要素的经济学分析[J].体育科学，2003（6）：7-11.

[131] 丛湖平，田世昌.政府主导型职业体育制度创新的约束机制研究[J].中国体育科技，2003（9）：2.

[132] 丛湖平，郑芳.我国职业体育制度变迁的方式、路径及相关问题研究[J].体育科学，2004（3）：3.

[133] 代坤，丁红娜，钟秉枢.职业体育核心价值论[J].首都体育学院学报，2020，32（5）：402-406.

[134] 戴晨.中国职业足球俱乐部公司化研究[J].中国体育科技，2000，（10）：12-13.

[135] 德德姆塞茨.所有权、控制与企业——论经济活动的组织[M].段毅才，等，译，北京：经济科学出版社，2006.

[136] 多布森，戈达德.足球经济[M].潘筱平，等，译，北京：机械工业出版社，2004.

[137] 费方域.企业的产权分析[M].上海：上海人民出版社，2006：96-102.

[138] 冯禹丁，张娅.中国足球的商海"杯具"商务周刊[EB/OL].（2010-2-23）[2010-03-11]. http://www.p5w.net/news/gncj/201002/t2834072.htm.

[139] 高鸿业.西方经济学：上册[M].北京：中国经济出版社，1996.

[140] 高铁梅.计量经济分析方法与建模[M].北京：清华大学出版社，2006.

[141] 格里米斯.社会问题经济学[M].13版.郭庆旺，应惟伟，译，北京：中国人民大学出版社，2000.

[142] 耿力中.体育市场——策略与管理[M].北京：人民体育出版社，2002.

[143] 国家体育总局干部培训中心.面向21世纪的体育改革实践与思考[M].北京：北京体育大学出版社，1998.

[144] 侯本华，刘晖.我国职业体育发展模式[J].山东体育学院学报，2005，21（2）：11.

[145] 胡斌.试析中国足球的股份制[J].广州体育学院学报，1998（4）：30-33.

[146] 胡利军，杨远波.中国职业体育发展研究[J].体育科学，2010，30（2）：28-40，47.

[147] 纪汉霖.双边市场定价策略研究[D].上海：复旦大学，2006.

[148] 贾丽虹.外部性理论及其政策边界[D].广州：华南师范大学，2003.

[149] 江小涓，李姝.数字化、全球化与职业体育的未来[J].上海体育学院学报，2020，44（3）：1-16.

[150] 江小涓.职业体育与经济增长:比赛、快乐与GDP[J].体育科学，2018，38（6）：3-13.

[151] 姜熙，谭小勇.反垄断法视野下职业体育联盟的性质考察——基于《谢尔曼法》的司法实践[J].体育科学，2011，31（6）：20-26，58.

[152] 蒋明朗.欧洲与美国职业体育经营特点的对比[J].上海体育科研，2003，24（1）：3.

[153] 柯武刚，史漫飞.制度经济学：社会秩序与公共政策[M].北京：商务印书馆，2004.

[154] 科克利.体育社会学——议题与争议[M].6版.管兵，刘穗琴，等，译，北京：清华大学出版社，2003：420-421，506-507，510.

[155] 科维尔，沙里安妮，西西利亚诺.体育产业组织管理——对绩效负责[M].钟秉枢，李久全，于立贤，等，译，北京：清华大学出版社，2005.

[156] 郎效农.对中国足球职业化改革的基本认识[A]// 国家体育总局市场经济与体育改革发展.北京:北京体育大学出版社，2002.

[157] 李燕领，王家宏.职业体育联盟的性质与最佳规模控制——以NBA与"英超"为例[J].西安体育学院学报，2013，30（5）：540-544，576.

[158] 梁进，叶加宝，周强，等.足球职业化改革中的制度研究[J].体育科学，

2002（3）：8-11.

[159] 刘福安，杨兆春，白玲.棒球的文化内涵——中国棒球联赛的文化前景[J].中国体育科技，2005，41（1）：37.

[160] 刘民胜，付戈弋，王利芳.股份制与中国职业足球改革发展问题研究[J].中国体育科技，2002（3）：10-12.

[161] 刘宁.我国高水平职业足球运动员运动寿命及影响因素的研究[D].北京：北京体育大学，2006.

[162] 刘田.ADF与PP单位根检验法对非线性趋势平稳序列的伪检验[J].数量经济技术经济研究，2008（6）：138.

[163] 刘志彪，石奇.卡特尔：寡头合谋产业[J].经济研究，2004，8（1）：76-77.

[164] 鲁宾费尔德.微观经济学[M].3版.北京：中国人民大学出版社，1997.

[165] 陆元兆.产权残缺与体育产业[J].西安体育学院学报，2000（3）：25-26.

[166] 吕向明.我国职业足球俱乐部利益主体分析[J].武汉体育学院学报，2003，37（6）：4.

[167] 马晶.西方企业激励理论述评[J].经济评论，2006（6）：154.

[168] 马志刚.英国体育文化研究——以英国足球为例[D].成都：四川大学，2007.

[169] 麦克米兰.市场演进的故事[M].余江，译.北京：中信出版社，2006.

[170] 莫君晶.对我国职业体育俱乐部产权问题的审视[J].体育科研，2001（1）：45-47.

[171] 莫巍峰，郑芳.中国职业体育发展的困境及对策[J].首都体育学院学报，2014，26（2）：145-149.

[172] 诺思.经济史中的结构与变迁[M].陈郁，等，译，上海：上海人民出版社，2002.

[173] 帕克豪斯.体育管理学：基础与应用[M].3版.秦椿林，等，译，北京：清

华大学出版社，2003.

[174] 裴洋.论美国反垄断法在球队迁移中的适用[EB/OL].（2007-02-16）[2009-12-11]. 国际法评论，http://www.iolaw.org.cn/showNews.asp?id=17766.

[175] 裴洋.欧盟竞争法视野下的足球运动员转会规则[J].体育科学，2009，29（1）：27-28.

[176] 邱金草，郑芳，陈莺莺.数字技术与我国职业体育的融合发展研究[J].浙江体育科学，2021，43（2）：34-38.

[177] 尚克.体育营销学——战略性观点[M].2版.董进霞，邱招义，于静，等，译，北京：清华大学出版社，2003.

[178] 盛洪.现代制度经济学：上卷[M].北京：北京大学出版社，2005.

[179] 盛洪.中国的过度经济学[M].上海：上海人民出版社，2006.

[180] 石武，郑芳.欧美职业体育联盟的比较研究[J].西安体育学院学报，2008（1）：16-19.

[181] 石武.中国职业足球运动员转会制度研究[D].杭州：浙江大学，2008.

[182] 史小龙.我国自然垄断产业规制改革中的利益集团研究[D].上海：复旦大学，2005.

[183] 孙忠利.职业体育联盟的特性与机理分析——新制度经济学视角[J].新东方，2006，12（4）：29-32.

[184] 谭建湘，周志伟，路卫国.关于职业俱乐部的投资行为与投资环境[J].天津体育学院学报，2000（2）：10-13.

[185] 谭建湘.从足球改革看我国竞技体育职业化的发展[J].广州体育学院学报，1998，18（4）：1-7.

[186] 唐峰.中国足球管理体制改革的理论研究[D].北京：北京体育大学，2006.

[187] 田野.NBA强势进入对我国篮球运动影响的研究[J].体育工作情况，2009，940（增3）：6-7.

[188] 王林,谭建湘,邹亮畴,等.中外体育俱乐部管理结构、经营方式等的比较[J].上海体育学院学报，1998，（4）：21–25.

[189] 王庆伟，王庆锋.西方职业体育制度变迁的比较研究[J].体育与科学，2006，27（1）：43–46.

[190] 王庆伟.我国职业体育联盟理论研究[D].北京：北京体育大学，2004.

[191] 王庆伟.我国职业体育联盟理论研究[J].体育科学，2005（5）：87–94.

[192] 王致远.职业团队体育运动电视转播权销售的竞争法分析[J].研究生法学，2007，5（75）：16–17.

[193] 吴义华，张文闻.英格兰足球转会制度研究[J].体育文化导刊，2005，（5）：64.

[194] 伍绍祖.中华人民共和国体育史（1949—1998）：综合卷[M].北京：中国书籍出版社，1999：558.

[195] 席玉宝.美国职业运动联盟与卡特尔行业垄断[J].北京体育大学学报，2004，27（4）：462.

[196] 席玉宝.美国职业运动联盟与卡特尔行业垄断[J].北京体育大学学报，2004，46（4）：462–463，473.

[197] 许永刚，孙民治.中国竞技体育制度创新[M].北京：人民体育出版社，2006.

[198] 闫成栋.论职业体育俱乐部之间的竞争平衡[J].武汉体育学院学报，2016，50（3）：24–28，55.

[199] 杨华.职业体育联盟若干法律问题研究[D].北京：中国政法大学，2006.

[200] 杨年松，黄剑.职业体育联盟垄断与竞争博弈分析[J].上海体育学院学报，2008，32（4）：52–55，76.

[201] 杨年松.职业竞技体育的经济学分析[D].广州：华南师范大学，2003.

[202] 杨铄，郑芳，丛湖平.欧洲国家职业足球产业政策研究——以英国、德国、西班牙、意大利为例[J].体育科学，2014，34（5）：75–88.

[203] 杨小凯.经济发展中的后发优势和劣势[EB/OL].（2004-07-08）[2009-12-01]. http://finance.sina.com.cn/jingjixueren/20040708/1343858582.shtml.

[204] 叶加宝.韩丁.我国足球职业化改革的制度创新研究[J].天津体育学院学报，2002（4）：628.

[205] 易剑东.我国体育体制转型的四个关键问题[J].体育学刊，2006（1）：11.

[206] 尹晓弟.篮球先锋报：博彩和职业体育不能共容？[EB/OL].（2005-08-08）[2009-12-01]. http://sports.sina.com.cn/r/2005-08-08/10131708644. shtml.

[207] 原晓爽.表演者权力研究[D].北京：中国政法大学，2006.

[208] 昝胜锋，朱文雁，顾江.双边市场视角下的体育赛事差异化竞争策略[J].体育与科学，2008，29（4）：3.

[209] 张保华，方娅，何文胜，等.职业体育联盟的企业性质分析[J].成都体育学院学报，2010，36（1）：5-8.

[210] 张兵.基于组织演化的西方职业体育联盟特质研判与中国建设逻辑探寻[J].天津体育学院学报，2015，30（1）：29-34，41.

[211] 张兵.新时代体育强国建设进程中职业体育高质量发展路向[J].体育科学，2020，40（1）：16-25.

[212] 张剑利.职业体育联盟及其相关法律研究[D].北京：北京体育大学，2004.

[213] 张林.职业体育俱乐部运行机制[M].北京：人民体育出版社，2001.

[214] 张瑞林，张新英.NBA联盟价值管理对我国职业体育发展的启示——基于治理、管理、经营和盈利模式的视角[J].天津体育学院学报，2015，30（6）：461-466.

[215] 张森.我国职业体育俱乐部社会责任理论与实践研究[J].体育科学，2013，33（8）：14-20.

[216] 张维迎.博弈论与信息经济学[M].上海：上海人民出版社，2004.

[217] 张文健.职业体育组织的演进与创新[D].北京：北京体育大学，2004.

[218] 张向阳，麻雪田.对中国职业足球实行股份制体制的探索[J].北京体育大学学报，1998（2）：37-39.

[219] 章元.对横向监督理论的一个述评[J].世界经济论坛，2003，2（4）：10.

[220] 赵芳，孙民治.我国职业体育俱乐部若干法律问题研究[J].成都体育学院学报，2002（2）：17-19.

[221] 赵立，杨铁黎.中国体育产业导论[M].北京：北京体育大学出版社，2001.

[222] 赵旖旎，郑芳.国内外职业体育俱乐部财政政策研究述评[J].浙江体育科学，2014，36（1）：5-8.

[223] 赵豫.我国职业体育俱乐部公司化研究[J].体育文化导刊，2004，22（5）：3-6.

[224] 郑道锦，徐昱.中国曼联球迷七千万居全球第一——专访曼联CEO基尔[EB/OL].（2009-07-26）[2010-01-12].http://news.xinhuanet.com/sports/2009-07/26/content_11775060.htm.

[225] 郑芳，丛湖平.职业体育俱乐部竞争实力均衡的基本假设及度量[J].体育科学，2009，29（7）：29-77.

[226] 郑芳，杜林颖.欧美职业体育联盟治理模式的比较研究[J].体育科学，2009，29（9）：36-41.

[227] 郑芳，莫巍峰，汪凌.CBA、NBA竞争实力均衡与现场观众关系的经验研究[J].体育科学，2011，31（4）：21-31.

[228] 郑芳.美国职业体育制度的起源、演化和创新——对中国职业体育制度创新的启示[J].体育科学，2007，27（2）：79-85.

[229] 中华人民共和国国家体育运动委员会.关于深化体育改革的决定[M].北京：新华出版社，1997.

[230] 中华人民共和国国家体育运动委员会.中华人民共和国体育法规汇编（1993—1996年）[M].北京：新华出版社，1997.

[231] 周驰.对中国足球协会会员协会实体化改革的研究[J].山东体育学院学报，

2005，21（5）：32.

[232] 朱振中.基于双边市场理论的产业竞争和公共政策研究[D].北京：北京邮电大学，2006.

[233] 朱正光.多纳吉"推开"裁判门，入狱15个月 NBA 快刀斩黑哨[EB/OL].（2008－12－29）[2009－12－01]. http：//sports.titan24.com/other/08－12－29/157255.html.

后　记

　　成立职业体育联盟是所有团体性职业运动发展和财政稳定的首要条件。当参赛俱乐部与联盟的利益出现冲突和矛盾时，联盟有维护自身利益和趋向垄断的动机，通过限制价格、产量、服务或创新获得收益最大化，这种带有卡特尔特征的垄断组织，历经百年不但获得一定反垄断豁免，而且日益成为世界各国职业体育的主要治理模式。联盟为何能够获得如此强的垄断地位和稳定性，吸引着学者们的普遍关注。本书以消费者偏好比赛结果不确定性假设为立足点，从职业体育生产本质要求参赛俱乐部保持竞争实力均衡视角出发，探寻职业体育生产的基本规律和职业体育组织的运行机理，并将职业体育俱乐部和职业体育联盟均纳入生产组织体系中，从而整体、动态地把握职业体育生产、组织经营的一般规律，对仍在困境中摸索的中国职业体育联盟发展提供一个思考视角，也为经济学理论的验证提供平台，丰富和完善已有的经济学理论。

　　本书得以完成，感谢金祥荣、丛湖平、张旭昆、肖文等教授的指导与建议；感谢课题组杨铄、胡佳澍、陈鸯鸯、刘遵嘉、江涵逸、陈叙南等博士的大力支持；感谢马一萍、宁檬老师耐心细致的编辑。本书在撰写过程中，引用和借鉴了国内外诸多研究者的观点，并得到国家社科基金项目的资助，在此一并表示感谢。对于文中呈现的不足或者错误，笔者文责自负。

郑芳

2021年6月